ANTIOCHVS,
TRAGI-COMEDIE.

Par T. CORNEILLE.

A ROVEN, Et se vend
A PARIS,
Chez LOVIS BILLAINE, au Palais,
au second Pilier de la grand' Salle, à la
Palme, & au grand Cesar.

―――――――――――――――
M. DC. LXVI.
AVEC PRIVILEGE DV ROY.

AV LECTEVR.

L n'y a rien de plus connu que le sujet de cette Tragi-Comedie. Valere Maxime le propose comme un rare exemple de la tendresse dont un Pere est capable pour son Fils, & Appian Plutarque qui l'estendent un peu dantage, portent plus haut cette derniere ion de Seleucus que tout ce qu'il auoit it auparauant de plus illustre. L'vsage nos mœurs n'a point souffert que j'aye iuy l'exacte verité de l'Histoire dans le mariage effectif qui estoit déja entre luy & Stratonice auant qu'il la cedast à son Fils, mais si ie semble auoir affoibly par ce qu'vn si extraordinaire effort luy a it acquerir de gloire, du moins ceux i n'ont qu'vne mediocre feruour pour Sacrement, n'auront point à m'opposer

ã ij

AV LECTEVR.

que la resolution de se défaire de sa femme n'est pas la matiere d'vn grand triomphe. Ie me suis particulierement attaché à donner à Antiochus le caractere de ce profond respect qui l'empescha de receuoir personne dans sa confidence, & le fit resoudre à mourir plustost de la fiévre lente qui le consumoit, qu'à chercher quelque secours par l'adueu d'vne passion qu'il voyoit trop condamnable pour ne la detester pas luy mesme. S'il s'échappe à la découurir à Stratonice, c'est parce qu'il la sçait entierement interessée à luy garder le secret, & plustost pour luy faire voir la necessité de sa retraite, que par aucune esperance de l'heureux changement qui arriue dans sa fortune. I'en ay tiré cét aduantage que l'échange du Portrait ayant fait connoistre à Arsinoé tout ce que le Prince s'obstinoit à taire, m'a donné lieu de luy faire joüer le personnage du Medecin Erasistrate que me fournissoit l'Histoire, & d'en conseruer ainsi les plus considerables circonstances. C'est à vous

AV LECTEVR.

à juger si j'ay bien ou mal reüssy. La pluspart des Auditeurs ont paru assez satisfaits de la representation de ce Poëme, & j'aurois mauuaise grace de regarder ceux qui s'y sont mal diuertis, comme des Censeurs trop seueres, ou des Critiques interessez. Chacun a son goust pour la Comedie, & quelques belles que puissent estre les choses, il suffit qu'elles ne plaisent pas à ceux qui les condamnent pour leur donner droit de le dire. L'Autheur n'acquiert point par là celuy de les traiter d'Ennemis. C'est bien souuent sans sçauoir son nom qu'ils publient ce qu'ils pensent de son Ouurage, & s'il est quelquefois des suffrages briguez pour attirer plus d'approbation qu'on n'en merite, ie croy que la Censure peut auoir lieu, sans que l'Enuie y ait toute la part que l'amour propre nous luy fait donner.

Extrait du Priuilege du Roy.

PAR Grace & Priuilege du Roy, en datte du dixhuitiéme Février mil six cens soixante-six, Signé par le Roy en son Conseil, BERTHAVLT: Il est permis au Sieur THOMAS CORNEILLE de faire imprimer vne Piece de Theatre de sa Composition, intitulée *Antiochus*, pendant cinq années : Et deffences sont faites à tous autres de l'imprimer, à peine de tous dépens, dommages & interests, & de trois mil liures d'amende, & autres peines portées par lesdites Lettres.

Imprimée aux dépens de l'Autheur.

Et ledit Sieur de Corneille a cedé le present Priuilege à Guillaume de Luyne, & Gabriel Quinet, suiuant l'accord fait entr'eux.

Et ledit de Luyne & Quinet ont fait part dudit Priuilege à Thomas Iolly & Loüis Billaine, suiuant aussi l'accord fait entr'eux.

Regiſtré ſur le Liure de la Communauté des Libraires le 19. iour de Février 1666.
Signé, PIGET, Syndic.

Les Exemplaires ont eſté fournis.

───────────────

cheué d'imprimer le 6. iour de Mars 1666. à Roüen, par L. MAVRRY.

ACTEVRS.

SELEVCVS, Roy de Syrie.

STRATONICE, Fille de Demetriu{s}
 Roy de Macedoine.

ANTIOCHVS, Fils de Seleucus.

ARSINOE', Niepce de Seleucus.

TIGRANE, Fauory de Seleucus.

PHENICE, Confidente de Stratonice.

BARSINE, Confidente d'Arsinoé.

Suite.

La Scene est dans la Capitale de Syrie.

ANTIOCHVS, TRAGI-COMEDIE.

ACTE I.

SCENE PREMIERE.
ANTIOCHVS, TIGRANE.

ANTIOCHVS.

EN vain à cét appas vous voulez que ie cede,
C'est redoubler mon mal que m'offrir ce remede,
Et le croire l'effet d'vn chagrin bien leger,
Si par l'éclat d'vn Trône on peut le soulager.
Quoy qu'aux plus vertueux la Couronne soit chere,
I'aime à la voir briller sur la teste d'vn Pere,
Et l'orgueil de mes vœux n'e s'est jamais porté
Iusqu'à ce grand partage où panche sa bonté.

A

ANTIOCHVS,

De quel front accepter les droits du Diadême,
Si ie n'ay pas appris à regner sur moy-mesme,
Et par quelle aspre soif du vain tiltre de Roy
Prendre vn Empire ailleurs que ie n'ay pas sur moy?
Non, non, l'auidité de cette independance
Ne m'en a point encor laissé voir l'esperance,
Et quoy qu'elle fust juste au rang où ie suis né,
Ie puis viure content sans estre couronné.

TIGRANE.

Seigneur, chacun connoit auec quel auantage
Vne entiere vertu regle vostre courage,
Et trop de grands effets l'exposent à nos yeux
Pour laisser croire en vous vn Prince ambitieux;
Mais le Roy, que poursuit l'impatiente enuie
De rendre ce grand jour le plus beau de sa vie,
Languira dans ses vœux, si pour les voir remplis
Espousant Stratonice il ne couronne vn Fils;
L'excez de son amour pour cette belle Reyne
Veut tout ce qu'a d'éclat la grandeur Souueraine,
Et croit mal seconder la gloire de son choix
S'il ne la place au Trône au milieu de deux Roys.
Souffrez donc que par là d'vn auguste Hymenée
Nous voyions auec pompe éclater la journée,
Et que de tant d'apprests qui marquent sa grandeur
Vostre Couronnement augmente la splendeur.

ANTIOCHVS.

L'éclat qui le suiuroit n'a rien qui m'éblouïsse,
Ie sçay que Seleucus adore Stratonice,
Qu'il ne vit que pour elle, & que jamais l'Amour
Ne prit tant d'interest aux pompes d'vn grand jour;
Mais lors qu'il luy consacre vne ardeur toute pure,
Sa bonté pour vn Fils vers elle est vne injure,
Puisque par ce partage il la priue des droits
D'étendre jusqu'à moy la gloire de ses loix;

TRAGI-COMEDIE.

Ainsi, mon cher Tigrane, à quoy qu'il se prépare,
Il faut que mon refus pour elle se déclare,
Et mette vn prompt obstacle à l'injuste projet
Qui pour me couronner luy dérobe vn Sujet.

TIGRANE.

Seigneur, quand sous vos loix il met la Phenicie,
Seleucus regne encor sur toute la Syrie,
Et croit que plus d'éclat suit le don de sa foy
S'il luy soûmet en vous les hommages d'vn Roy ;
Mais si de ce refus vous vous trouuez capable,
C'est l'effet du chagrin dont l'excez vous accable.
Déja depuis long-temps vne morne langueur
Estale dans vos yeux l'ennuy de vostre cœur ;
Rien n'en sçauroit forcer l'abatement funeste,
La seule solitude est le bien qui vous reste,
Et tout ce que jamais la Cour eut de plus doux
Semble n'estre que gesne, & supplice pour vous.
Chacun surpris de voir ce changement extréme....

ANTIOCHVS.

Helas ! Tigrane, helas ! j'en suis surpris moy-mesme,
Et de ce noir chagrin les accez languissants
Accablent ma raison, & confondent mes sens.
En vain tout mon courage à leur trouble s'oppose,
Plus j'en ressents l'effet, moins j'en trouue la cause,
Et pour la découurir, rien ne s'offre à mes yeux
Que l'Astre qui nous force, ou le couroux des Dieux.

TIGRANE.

Quoy, d'vn Astre ennemy la dure violence....

ANTIOCHVS.

Ouy, Tigrane, aujourd'huy croyez-en mon silence.
Si quelque ennuy secret me faisoit soûpirer,
Pourrois-je si long-temps vous le voir ignorer,
vous dont l'amitié me fut toûjours si chere, (taire ;
u'il n'est rien que la mienne ait encor pû vous

A ij

A vous à qui l'Estat par vos soins conservé
Doit avec moy le jour que vous m'avez sauvé?
TIGRANE.
C'est trop vous souvenir d'vn si foible service
Quand par vous la Princesse à ma flame est propice.
I'aimois, & ma raison condamnant mes desirs,
Vn respect trop severe estouffoit mes soûpirs.
Niepce de Seleucus, & Fille de son Frere,
Le rang d'Arsinoé les forçoit à se taire.
Vous avez auprés d'elle authorisé mes vœux,
Tiré le doux adueu qui doit me rendre heureux,
Et les plus grands exploits que mon zele imagine
Sont au dessous du prix que le Roy me destine;
Mais, Seigneur, si j'osois dans vn estat si doux,
Lors que ie vous dois tout, me plaindre vn peu de
    vous,
Ie dirois qu'en secret cette humeur sombre & noire
Suspendant mon bonheur met obstacle à ma
    gloire;
D'vn jour grand & fameux les superbes apprests
Sont pour le reculer des pretextes secrets,
Et la pompe qui manque à l'Hymen d'vne Reyne,
C'est d'vn mal inconnu la guerison certaine.
Le Roy qu'alarme en vous vn sort trop rigoureux,
Si vous n'estes content, refuse d'estre heureux,
Et comme vn mesme jour également propice
Doit m'approchant du Trône y placer Stratonice,
Mes vœux les plus pressants en vain l'osent haster
Quand vostre inquietude y semble resister.
ANTIOCHVS.
Et c'est aussi par là que mon ame abatuë
Se liure toute entiere au chagrin qui me tuë,
I'en souffre d'autant plus que le bonheur du Roy
Dépend de l'Hymen seul qu'il differe pour moy.

TRAGI-COMEDIE.

Puisqu'enfin jusques là sa bonté l'inquiete,
Voyez-le pour luy faire agréer ma retraite.
Peut-estre vn mois ou deux dans vn autre sejour
Me rendront le repos que ie pers à la Cour,
Sa pompe m'embarasse, & mon inquietude
Pour calmer ses transports veut de la solitude,
C'est vn bien que vos soins me peuuent obtenir.

TIGRANE.

Moy, Seigneur, de la Cour chercher à vous bannir?

ANTIOCHVS.

Ce volontaire exil que mon chagrin m'impose
A droit seul de calmer la peine qu'il me cause,
Icy tout m'importune, & le trouble où ie suis
Dans le bonheur d'autruy trouue vn surcroist
 d'ennuis;
Ie m'en hay, mais mon cœur, quelques soins que
 j'employe,
Repousse malgré-moy tous les sujets de joye,
Ie languis, ie soûpire, & ie ne sçay pourquoy;
Tigrane, encor vn coup allez trouuer le Roy,
Et d'vne Feste Auguste où seul ie mets obstacle,
Par mon éloignement pressez l'heureux spectacle.

TIGRANE.

Mais, Seigneur, ce dessein...

ANTIOCHVS.

     Rien ne peut l'ébransler,
C'est me seruir enfin que d'oser luy parler,
D'vn Roy qui vous cherit craignez-vous la colere?

TIGRANE.

Mes vœux les plus ardents n'aspirent qu'à vous
 plaire,
Et vostre seul desir seruant de regle au mien,
Ie parleray, Seigneur, mais ie n'obtiendray rien.

A iij

SCENE II.
ANTIOCHVS.

Svy le juste projet où l'honneur te conuie,
Fuy de ces tristes lieux, ou plustost de la vie,
Ingrat Antiochus, & du moins par ta mort
Tâche de rachepter la honte de ton sort.
Aussi-bien cét exil où ton chagrin aspire,
De tes sens reuoltez te rendra-t'il l'empire ?
Y crois-tu de ta flame écouter moins l'ardeur,
Et pour changer de lieux, changeras-tu de cœur ?
Non, non, ce cœur en vain croit vaincre sa foi-
 blesse,
Son destin est d'aimer, il aimera sans cesse,
Et quoy que ta raison offre à le secourir,
Il cherit trop son mal pour en vouloir guerir.
Ah, lâche ! à quel orgueil ta passion t'entraine !
Porter insolemment tes vœux jusqu'à la Reyne,
Adorer Stratonice, & violer la foy
Qu'vn Fils doit à son Pere, vn Sujet à son Roy !
La sienne estant déja l'heureux prix de sa flame,
Par ce gage receu n'est-elle pas sa femme,
Et pour bannir vn feu que tu nourris en vain,
Faut-il attendre, helas ! qu'elle ait donné sa main?
Songe, songe à l'horreur de ce secret murmure
Qu'à tes vœux insensez oppose la Nature,
Et voy de ton amour les transports odieux
Blesser également les hommes & les Dieux.
Par ce fatal Portrait dont la perte t'accable
Ces Dieux semblent t'offrir vn secours fauorable,

TRAGI-COMEDIE. 7

Il nourrissoit ta flame, il en flatoit l'ardeur,
Ce qui charmoit tes yeux se grauoit dans ton cœur,
Et lors qu'à mille soins ce Portrait te conuie,
Tu pers en le perdant le seul bien de ta vie.
Mais las! en d'autres mains que sert qu'il soit passé,
Si de ce triste cœur il n'est pas effacé?
I'y vois, j'y vois toûjours vne adorable Reyne
Augmenter mon amour, & redoubler ma peine,
I'obserue auec plaisir ces merueilleux accords
Des charmes de l'esprit, & des graces du corps;
Et sans cesse y trouuant mille sujets d'estime,
Cette mesme raison qui m'en faisoit vn crime,
Contrainte de ceder à des traits si puissants,
Se range contre moy du party de mes sens.
Aimons donc, puisqu'enfin c'est vn mal necessaire;
Mais aimons seulement pour souffrir & nous taire,
Et cherchons dans l'exil qui seul est mon recours,
La fin de cét amour par celle de mes jours.
à mon dernier soûpir poussé pour Stratonice
'vn feu si criminel bornera l'injustice,
Et mon secret caché justifiant ma foy
e rendra... mais ô Dieux! c'est elle que ie voy.
Dans quel trouble me jette vne si chere veuë!
Ma raison se confond, mon ame en est émeuë,
uyons, ce seul moyen m'épargne le soucy...

SCENE III.

STRATONICE, ANTIOCHVS, PHENICE.

STRATONICE.

Qvoy, Prince, c'est donc moy qui vous chasse d'icy?

ANTIOCHVS.

Si vous fuir blesse en vous l'honneur du Diadême,
On peut le pardonner à qui se fuit soy-mesme;
Iugez si de mes maux ie puis venir à bout,
Ie tasche de me perdre, & me trouue par tout.

STRATONICE.

Si vous trouuer par tout est pour vous vn supplice,
Prince, resoluez-vous à vous rendre justice;
Et quoy que pour vos sens le chagrin ait d'appas,
Vous vous consolerez de ne vous perdre pas.

ANTIOCHVS.

C'est par où ma raison redouble ses alarmes,
L'habitude au chagrin y fait trouuer des charmes,
Et j'apprehende bien de ne guerir iamais
D'vn mal où malgré moy ie sens que ie me plais.

STRATONICE.

Si vous vous y plaisez, vous estes moins à plaindre
Que ceux à qui pour vous sa rigueur done à craindre,
Il leur oste vn repos qu'il vous laisse acquerir.

ANTIOCHVS.

Helas! est-ce estre heureux que se plaire à souffrir?
Vn mal n'est-il plus mal s'il flate en apparence,
Et pour nous estre cher perd-il sa violence?

TRAGI-COMEDIE.

Non, non, ses traits pour nous sont d'autant plus perçans
Que pour surprendre l'ame, il abuse les sens;
Où à peine il nous fait prendre vn chagrin volontaire
Qu'vn Astre imperieux nous le rend necessaire,
Et force vn cœur seduit par cette trahison
Au refus du secours que preste la raison.

STRATONICE.

Du mal pour qui le cœur à la raison s'oppose
Le charme est dãs l'effet beaucoup moins qu'en la cause,
Et pour voir quel remede on y peut appliquer,
Qui la connoist si bien la deuroit expliquer.

ANTIOCHVS.

Triste, confus, resveur, si ce mal peut me plaire,
C'est sans sçauoir pourquoy la peine m'en est chere,
Et quand vn pareil trouble embarasse l'esprit,
Qui sçait mal ce qu'il sent sçait bien peu ce qu'il dit.

STRATONICE.

Le Roy trop viuement partage vostre peine,
Pour ne pas faire effort...

ANTIOCHVS.

C'est-là ce qui me gesne,
Son déplaisir m'accable, & comme vn noir destin
Par l'éclat de la Cour redouble mon chagrin,
Ie croy pour quelque temps qu'il luy sera moins rude
De souffrir ma retraite en quelque solitude.
Voila ce qu'aujourd'huy ie luy fais demander,
Pour tirer son adueu daignez me seconder,
Madame, & par vos soins...

STRATONICE.

Quoy, Prince, dois-je croire
Qu'en secret ce chagrin porte enuie à ma gloire,
Et que dans vostre cœur vn mouuement jaloux,
Lors qu'on m'appelle au Trône...

ANTIOCHVS.
Ah, que me dites-vous
Qu'à l'ardeur de mes vœux le juste Ciel réponde,
Et vous estes soudain la Maiſtreſſe du Monde;
Si le Sceptre en eſt beau, quoy que vous preſumiez,
Qu'il le mette en mes mains, ie le mets à vos pieds.
Dans ce degré pompeux, loin que l'éclat m'en geſne
Ie ne veux qu'adorer, voir, & ſeruir ma Reine,
Elle ſeule en eſt digne, & pour mieux l'éleuer...
Mais Dieux !

STRATONICE.
Vous auez lieu de ne pas acheuer,
Et le trouble ſur vous peut prendre quelque empire
Quand la ciuilité vous engage à trop dire.

ANTIOCHVS.
Pourquoy de ce reproche affecter la rigueur ?
Ma bouche ne dit rien ſans l'adueu de mon cœur,
Et ce brillant amas de vertus & de charmes...
Madame, de mon mal le Roy prend trop d'alarmes,
Propoſez ma retraite, & de grace, obtenez...

STRATONICE.
Prince, ie monte au Trône, & vous m'abandonnez !
Fuir d'en eſtre témoin eſt-ce cherir ma gloire ?

ANTIOCHVS.
Ah, ſi vous connoiſſiez tout ce qu'il en faut croire...
Adieu, Madame, adieu, dans le trouble où ie ſuis,
Penſer, fuir, & me taire, eſt tout ce que ie puis.

SCENE IV.

STRATONICE, PHENICE.

PHENICE.

Ov j'ay peu de lumiere, ou le Prince, Madame,
Cherche à cacher vn mal dont la source est dans
l'ame.
Tandis qu'il vous parloit, ses timides regards,
S'il rencontroit vos yeux, erroient de toutes parts,
Languissant, interdit, plein d'vn desordre extreme,
Si j'osois m'expliquer, ie dirois qu'il vous aime,
Et que par tant d'appas s'estant laissé charmer...

STRATONICE.
Quoy, Phenice, tu crois qu'il me pourroit aimer?

PHENICE.
Ie crains de dire trop, mais s'il faut ne rien taire,
Ie croy qu'il le pourroit, & ne pas vous déplaire;
De l'air dont vous parlez, c'est sans trop de cou-
roux...

STRATONICE.
Phenice, qu'as-tu dit?

PHENICE.
      Mais que me dites-vous?

STRATONICE.
Que te peut dire vne ame estonnée, abatuë,
Qui dans ce qu'elle doit voit tout ce qui la tuë,
Et qui de son deuoir redoublant les efforts,
Plustost que le trahir, souffrira mille morts?
Ouy, Seleucus, Phenice aura ce qu'il espere,
A receu ma foy dans la Cour de mon Pere,

Par là ie suis sa Femme, & mon malheur en vain
Fait trembler ma constance à luy donner ma main.
Quand le bien de l'Estat conclut cét Hymenée,
Pourquoy deslors, helas! ne fut-elle donnée?
Falloit-il pour la pompe en voir le jour remis,
Et me laisser le temps de connoistre son Fils?
Tandis que Seleucus de retour en Syrie
Songe aux apprests d'vn sort qui va m'oster la vie,
Le Prince Antiochus chez mon Pere à son tour
En superbe appareil vient charmer nostre Cour.
Attendant qu'en ces lieux il doiue me conduire
Mon repos à le voir commence à se destruire,
L'air galand, l'ame noble, vn courage éleué,
Tout ce qui marque enfin vn Heros acheué,
Aux Courses, aux Tournois, pour luy toute la gloire,
Son adresse par tout sçait traisner la victoire,
Et ie sens malgré moy que sans cesse vainqueur,
En emportant le prix, il emporte mon cœur.
PHENICE.
Antiochus sans doute a tout ce qui doit plaire,
Mais déja vostre main estoit deuë à son Pere,
Et lors que vostre cœur se sentit enflamer...
STRATONICE.
Helas! sçait-on qu'on aime en commençant d'aimer,
Et l'Amour qui d'vn cœur cherche à se rendre
 maistre,
Tant qu'on peut resister, se laisse-t'il connoistre?
Non, non, & mon malheur aujourd'huy me l'ap
 prend,
C'est en se déguisant que l'Amour nous surprend.
Auant qu'aucun soupçon découure sa naissance
Dans l'ame qu'il attaque il prend intelligence,
Et de son feu secret l'industrieux pouuoir
S'acquiert des partisans qui l'y font receuoir.

TRAGI-COMEDIE. 13

D'vn tendre & doux panchant l'appas imperceptible
La dispose d'abord à se rendre sensible;
Vn peu d'émotion qui marque ce qu'elle est
Luy rend en vain suspect vn trouble qui luy plaist,
D'vn merite parfait les images pressantes
Luy peignent aussi-tost ces douceurs innocentes,
Et des sens éblouïs par ce charme trompeur
La vertu qu'elle admire authorise l'erreur,
Le cœur qu'en ont seduit les flateuses amorces
Pour se vaincre en tout temps se répond de ses forces;
Sur l'offre du secours que luy fait la raison
Il laisse agir sans crainte vn si subtil poison,
Il en aime l'appas, il le gouste, il luy cede,
C'est assez qu'au besoin il en sçait le remede;
Et quand le mal accreu presse d'y recourir,
L'habitude est formée, on n'en peut plus guerir.
C'est ainsi que d'abord mon imprudence extréme
Me laissa consentir à me trahir moy-mesme,
Dedans Antiochus ie ne sçay quoy de grand
Exigea de mon cœur le tribut qu'il luy rend.
Ce cœur trop plein pour luy d'vne estime empressée
N'en crut ny mon deuoir ny ma gloire blessée,
I'admirois sans scrupule vn Prince si parfait,
Ie voulois estimer, & j'aimois en effet,
t mon cœur de mes sens negligeant l'artifice
Pensoit fuir vne erreur dont il estoit complice.

PHENICE.

ais de ce triste amour quel peut estre l'espoir?

STRATONICE.

Phenice, encore vn coup, ie feray mon deuoir,
t quoy qu'Antiochus trouue trop à me plaire,
a main suiura ma foy, ie suis toute à son Pere;
ais enfin ie voudrois pouuoir croire aujourd'huy
u'il ressentist pour moy ce que ie sens pour luy;

B

Que le mesme panchant dont la force m'entraisne
Par mon funeste Hymen luy donnast mesme gesne;
Que tremblant d'vn deuoir où ie ne puis manquer,
Il vouluſt me le dire, & n'oſaſt s'expliquer;
Que ſa fiere douleur par le reſpect contrainte
A ſes confus ſoûpirs abandonnaſt ſa plainte,
Et l'étoufaſt d'vn air, qui dans ces durs combats
Me laiſſaſt deuiner ce qu'il ne diroit pas.

SCENE V.

SELEVCVS, STRATONICE PHENICE, Suite.

SELEVCVS.

Madame, tout eſt preſt, & la Syrie en peine
De rendre promptement ſon hommage à ſa Reyne,
N'attend plus que demain pour voir ſelon ſes vœux,
Et Stratonice au Trône, & Seleucus heureux :
Vn ſeul trouble s'oppoſe au comble de ma joye,
Toûjours à ſes chagrins ie voy le Prince en proye,
Et ne pouuant les vaincre, il taſche obſtinement
A m'arracher l'adueu de ſon éloignement.
I'ay ſans doute à rougir dans l'amour qui m'enflame,
Que d'autres intereſts puiſſent trop ſur mon ame ;
Mais peut-eſtre ce Fils a-t'il des qualitez
A rendre ſon malheur digne de vos bontez,
I'implore leur ſecours, empeſchez qu'il nous quitte,
Si j'ay trop de tendreſſe, il a quelque merite,
Et ie vous deuray tout, ſi rompant ſon deſſein
Vous obtenez qu'au Trône il vous preſte la main.

TRAGI-COMEDIE.

STRATONICE.

Quel que soit vostre amour, il me feroit injure,
Seigneur, s'il estoufoit la voix de la Nature,
Et vous auoit seduit jusqu'à vous détacher
Des soins où vous oblige vn interest si cher.
Iamais dans vn destin à nos vœux si contraire
Pour vn Fils plus illustre on n'a veu craindre vn Pere;
Mais en vain nos souhaits hastent la guerison
Des inquiets transports qui troublent sa raison.
Tandis qu'aupres de vous vous voulez qu'on l'arréte,
Il m'employe à vous faire agréer sa retraite,
Et l'éclat des apprests qu'étale vostre Cour,
Blesse autant son chagrin qu'il flate vostre amour.

SELEVCVS.

Qu'esperer donc, Madame, & quel Dieu fauorable
Luy rendra le repos dont la perte m'accable ?
Comme sur ses pareils l'ambition peut tout,
Par là de ses ennuis j'ay crû venir à bout :
Quand ma main vous appelle au Trône de Syrie,
I'aime à luy voir remplir celuy de Phenicie,
Et pense que sur luy dans vn chagrin si noir
La douceur de regner aura quelque pouuoir ;
Mais bien loin qu'à ce charme il se montre sensible,
Tigrane m'en rapporte vn refus inuincible,
Et ne découure rien qui puisse m'éclaircir
D'vn mal que tous nos soins ne peuuent adoucir.

STRATONICE.

C'est par là que j'en voy la suite plus à craindre,
Quoy que souffre le Prince, on ne peut que le plaindre,
Et l'amour paternel vous fait en vain chercher
Part où guerir vn mal qu'il se plaist à cacher.
I'ay déja fait effort pour vaincre son silence,
Mais ie l'ay veu s'aigrir par cette violence,
Et craignant d'oser trop...

B ij

SELEVCVS.

Ah, tout vous est permis,
Et vous seule auez droit de me rendre mon Fils.
Vos soins y peuuent tout, employez-les, de grace,
A détourner vn sort dont l'horreur nous menace,
Et pour lire en son cœur malgré son noir destin,
Contraignez-vous encor à flater son chagrin.
Quand vous le presserez, peut-estre aura-t'il peine
A ne pas expliquer le trouble qui le gesne;
Sur tout arrachez-luy ce dessein de partir,
Madame, c'est à quoy ie ne puis consentir.
Tandis que vos bontez en rompront l'injustice,
I'iray presser le Ciel de nous estre propice,
Et par des vœux soûmis desarmant son couroux,
Luy demander pour luy ce que j'attens de vous.

Fin du premier Acte.

ACTE II.

SCENE PREMIERE.

ARSINOE, BARSINE.

BARSINE.

Quoy, lors que sa langueur va jusques à l'extréme,
Le trouble qui la suit fait connoistre qu'il aime ?

ARSINOE.

Oüy, Barsine, & le Prince a beau se déguiser,
L'amour seul à ce trouble a droit de l'exposer,
Dans son cœur malgré luy mes soupçons me font lire.

BARSINE.

Ce peut estre pour vous qu'Antiochus soûpire,
Et par là, quoy qu'il cache, il vous seroit aisé
De connoistre le mal que vous auriez causé.

ARSINOE.

Tu crois qu'il m'aimeroit, luy dont l'ardent suffrage
A des vœux de Tigrane authorisé l'hommage,
Me l'a fait agréer, & sur l'adueu du Roy
Asseure à son amour & mon cœur & ma foy ?

B iij

BARSINE.
Peu voudroient d'vn Riual fauoriser la flame,
Mais, Madame, il n'est rien que n'ose vne grāde ame,
Et Tigrane à son Prince ayant sauué le jour,
Tout me deuient suspect quand il sert son amour.
Pour triompher du sien, le forcer au silence,
L'amitié s'est pû joindre à la reconnoissance,
Et quoy qu'il se contraigne à soûpirer tout bas,
L'excez de son chagrin ne le trahit-il pas ?
Peut-il mieux expliquer qu'il cede ce qu'il aime ?

ARSINOE.
C'est ce cruel effort qui l'arrache à luy-mesme,
Mais lors qu'il se soûmet à cette affreuse loy,
La Reyne, en ce qu'il souffre a plus de part que moy.

BARSINE.
Stratonice ?

ARSINOE.
Elle-mesme.

BARSINE.
Et vous le pouuez croire
Dans le peu d'interest qu'il montre pour sa gloire ?
Quand chacun à l'envy s'y fait voir empressé
Du plus foible deuoir il se croit dispensé,
Iamais il ne luy parle, & la fuyant sans cesse...

ARSINOE.
S'il l'a fuit, ce n'est pas son chagrin qui l'en presse,
Il fuit, il craint des yeux trop sçauans à charmer,
Et craindre vn bel objet, Barsine, c'est l'aimer.

BARSINE.
Quoy, c'est-là de sa flame vne preuue certaine ?

ARSINOE.
Non, mais enfin j'en croy ce portrait de la Reyne,
Qui trouué sur mes pas me laisse peu douter
D'vn feu que son respect empesche d'éclater.

TRAGI-COMEDIE.

Depuis que le hazard m'en fait depositaire.
Sa perte est vn malheur dont on aime à se taire,
Et pour le recouurer, tout autre qu'vn Amant,
N'ayant rien à cacher, s'en plaindroit hautement.

*Elle tire vne boëte de Portrait qu'elle
montre à Barsine.*

Voy de nouueau, Barsine, auec quel auantage
Ce qui doit l'enfermer estale son ouurage,
Admire tout autour quels pompeux ornements.
Luy fournit à l'envy l'éclat des diamants:
Tant de profusion, comme elle est peu commune,
Marque en qui la peut faire vne haute fortune,
Et la Boëte est d'vn prix qui ne fait que trop voir
Qu'vn Prince à l'enrichir a montré son pouuoir;
Outre que ie la trouue en ce lieu solitaire
Où l'on voit chaque jour Antiochus se plaire,
Sous ces Arbres toufus dont l'agreable frais
Pour qui cherche à resver à de si doux atraits, (cante.
Croy moy, de mes soupçons la preuue est conuain-

BARSINE.

S'ils ne vous trõpent point, la disgrace est touchante,
Car c'en est vne enfin sous qui trembler d'effroy
D'estre Riual ensemble, & d'vn Pere, & d'vn Roy,
Mais d'vn Roy qui d'ailleurs adore Stratonice.

ARSINOE.

Il faut que cét amour aujourd'huy s'éclaircisse,
Cette Boëte y peut tout, & pour m'en asseurer
Aux yeux d'Antiochus ie n'ay qu'à m'en parer.
De son trouble à la voir penses-tu qu'il soit maistre?

BARSINE.

Le feu qu'il tient caché par là se peut connoistre,
Mais n'oubliez-vous point ce que vous auez fait,
Que par vous cette Boëte a changé de Portrait?
Pour celuy de la Reyne elle enferme le vostre.

ARSINOE.

C'est exprés que le mien tient la place de l'autre.
A moins qu'vn tel échange aidast à m'éclaircir,
En vain par cét essay j'y croirois reussir.
Le Prince auroit sur soy peut-estre assez d'empire
Pour ne rien laisser voir de ce qu'il n'ose dire,
Et sur quelque pretexte il pourroit trouuer jour
A reprendre vn Portrait si cher à son amour;
Au lieu que par la Boëte ayant vn seur indice
Que ie garde en mes mains celuy de Stratonice,
L'ardeur de retirer ce depost precieux
Luy fera découurir ce qu'il cache le mieux,
Ou s'il peut me laisser en quelque incertitude,
Du moins ie joüiray de son inquietude,
Il parlera par elle, & quand... Mais ie le voy,
Pour le contraindre moins, Barsine, éloigne-toy.

SCENE II.

ANTIOCHVS, ARSINOE'.

ARSINOE.

SEigneur, est-il possible, & pourra-t'on le croire,
Que vous-mesme ayez mis obstacle à vôtre gloire,
Et que lors que le Roy cherche à vous couronner
Vostre adueu pour vn Trône ait peine à se donner?
L'éclat du nouueau rang qui d'vne pompe insigne...

ANTIOCHVS.

Sa bonté l'a surpris quand il m'en a crû digne,
Mais mon zele à ses soins auroit mal répondu
Si j'auois accepté ce qui ne m'est pas deu,
Ie suis né son Sujet, & fais gloire de l'estre.

TRAGI-COMEDIE.

ARSINOE.
...ites que de vos sens le chagrin est le maistre,
Et que tout vostre cœur s'en laissant accabler,
Ce qui doit l'adoucir sert à le redoubler.

ANTIOCHVS.
Il est vray qu'il m'emporte, & qu'en vain mon adresse
S'efforce de bannir ou cacher ma foiblesse,
Malgré-moy ie luy cede, & son subtil poison
D'vne vapeur maligne infecte ma raison,
Sans cesse elle s'abysme, & son trouble... de grace,
Faites...

ARSINOE.
Et bien, Seigneur, que faut-il que ie fasse?
Vous ne dites plus rien, & tout à coup vos yeux...

ANTIOCHVS.
J'examine vn trauail & riche & curieux,
Et trouue en cette Boëte vn chef-d'œuure si rare
Qu'il semble en l'admirant que mon esprit s'égare,
Sa façon est nouuelle, & j'en estime l'art.

ARSINOE.
Toute riche qu'elle est, ie la tiens du Hazard.

ANTIOCHVS.
Quoy, Madame, en vos mains le Hazard l'a remise?

ARSINOE.
Oüy, Seigneur, & c'est là ce qui fait ma surprise,
Que qui pour l'enrichir n'a rien fait épargner,
Puisse en souffrir la perte, & n'en rien témoigner.

ANTIOCHVS.
J'admire comme vous qu'on la tienne secrete,
Mais, Madame, attendant qu'on sçache qui l'a faite,
Souffrez que j'en joüisse, & tâche à profiter
De ce qu'en ce modele on peut faire imiter.

Pour vn trauail charmant dont la garde m'eſt chere
Vn ouurage pareil me ſeroit neceſſaire,
Et ie ne ſçaurois mieux en regler le projet...

ARSINOE.

I'eſtimois ce depoſt, & j'en auois ſujet,
Mais ie vous l'abandonne, & ne veux pour partage
Que reprendre vn Portrait...

ANTIOCHVS.

Ah, c'eſt me faire outrage,
En me le confiant ne craignez rien pour luy,
Et ſouffrez que ſa veuë amuſe mon ennuy,
La Peinture eut toûjours dequoy me ſatisfaire.

ARSINOE.

Si j'en croy ce qu'on dit, celle-cy doit vous plaire,
Et comme enfin, Seigneur, vous vous y connoiſſez,
Dites-moy d'vn coup d'œil ce que vous en penſez,
Les traits en ſont hardis, & la main...

ANTIOCHVS *l'empeſchant d'ouurir la boëte.*

Non, Madame,
Déja la reſuerie occupe trop mon ame,
Et du moins deuant vous c'eſt à moy d'éuiter
Tout ce que ie préuoy qui pourroit l'augmenter,
Du Peintre en ce Portrait examinant l'adreſſe
I'oublierois malgré moy...

ARSINOE.

Seigneur, ie vous le laiſſe,
Quoy que ſur ce trauail j'aye à vous conſulter,
La Reyne qui paroiſt m'oblige à vous quiter.

SCENE III.
STRATONICE, ANTIOCHVS.

ANTIOCHVS.

ET bien, Madame, enfin le Roy me fait-il grace?
Consent-il au destin dont la rigueur me chasse,
Et que loin de la Cour ie tâche à retrouuer
La douceur du repos dont ie me sens priuer?

STRATONICE.

Seigneur, pour vous le rendre esperez tout d'vn Pere,
Il n'est rien qu'à son Fils sa tendresse prefere,
Mais c'est trop vous flater de croire qu'aisément
Il donne son adueu pour vostre éloignement,
Ce dessein l'épouuante, en parler c'est vn crime.

ANTIOCHVS.

Il faut donc qu'en mes maux sans cesse ie m'abysme,
Que sans cesse vne triste & mortelle langueur...

STRATONICE.

Tout le monde auec vous partage sa rigueur,
Mais quand pour l'adoucir vous cherchez la retraite,
La Cour n'a-t'elle rien dont l'éclat vous arréte?
N'y voyez-vous par tout qu'Objets à dédaigner?

ANTIOCHVS.

Ah, ce n'est pas par là qu'il m'en faut éloigner.
S'il est rien dont l'appas ou me flate, ou m'attire,
C'est-là que ie le vois, c'est-là que ie l'admire,
Et l'Vniuers entier n'a rien d'vn si haut prix
Qui vaille les douceurs dont ie m'y sens surpris;
Mais dans le trouble obscur de mon ame abatuë,
Mon bonheur fait mon mal, ce qui me plaist, me tuë,

Et mon chagrin funeste a l'art d'empoisonner
Tous les biens que le Ciel cherche à m'abandonner.

STRATONICE.

Quoy? toûjours ce chagrin sans m'en dire la cause?
I'auois creu que sur vous ie pouuois quelque chose,
Mais...

ANTIOCHVS.

Si dans ce pouuoir vous trouuez quelque appas,
Il ne va que trop loin, ne vous en plaignez pas.

STRATONICE.

Vous me cachez vos maux, & ie pourrois vous croire?

ANTIOCHVS.

Mais, Madame, songez qu'il y va de ma gloire,
Et que ie la trahis si j'ose découurir
Ce qu'en vain ma raison a tasché de guerir.

STRATONICE.

Quoy que pour vn grād cœur la raison ait d'amorces,
Où la passion regne elle reste sans forces,
Et sur tout ses conseils font peu d'impression
Quand le mal naist d'amour, ou vient d'ambition.

ANTIOCHVS.

Ah, pour l'ambition j'en crains peu la surprise,
Plus ie suis prés du Trône, & plus ie le méprise,
Et lors qu'on vous y place, il me seroit moins doux
D'aller donner des loix que d'en prendre de vous.

STRATONICE.

Cet illustre mépris sied bien aux grands courages,
Mais chaque passion excite ses orages,
Et tel qu'vn plus haut rang ne peut inquieter,
Aux troubles de l'amour a peine à resister.

ANTIOCHVS.

Helas!

STRATONICE.

Vous soûpirez!

TRAGI-COMEDIE.
ANTIOCHVS.
Il est vray, ie soûpire,
Et dis peut-estre plus que ie n'ay crû vous dire ;
Mais si j'explique trop ce qu'en vain ie combats,
Songez que c'est à vous à ne m'entendre pas.
STRATONICE.
Quoy, Prince ? il se peut donc que l'amour...
ANTIOCHVS.
Ah, Madame,
Vous auez arraché ce secret de mon ame,
Et quand rien sur ce point ne pouuoit m'ébranler,
Vous blasmiez mon silence, il a falu parler ;
Mais ne pretendez point pour finir mon martyre
Que j'accepte l'oubly que vous m'allez prescrire,
Et que ma passion puisse prendre la loy
Du pouuoir absolu que vous auez sur moy.
Auec toute l'ardeur dont vn cœur soit capable
I'aime ce que iamais on vit de plus aimable,
Et trouueray toûjours vn sort bien moins amer
A mourir en aimant, qu'à viure sans aimer.
STRATONICE.
Quoy que de mes conseils vostre amour semble
  craindre,
I'en croy le feu trop beau pour le vouloir éteindre ;
Mais ie ne comprens point quel bizarre pouuoir
Le forçant au silence arme son desespoir.
Outre qu'en vain sans cesse on veut qu'il se contrai-
  gne,
Vous n'estes pas d'vn rang qu'aisément on dédaigne,
Ou si rien en aimant ne vous peut secourir,
Du moins on plaint vn mal qu'on ne sçauroit guerir.
ANTIOCHVS.
Non, non, à mon destin le Ciel veut que ie cede,
Madame, il faut mourir, mon mal est sans remede ;

C

Ce n'est pas qu'en effet la douceur d'estre plaint
Ne soulageast les maux dont mon cœur est atteint;
Mais pour flater le trouble où leur rigueur m'expose,
Il faudroit estre plaint de celle qui les cause,
Et dans l'obstacle affreux qui s'offre à respecter,
C'est estre criminel que de le souhaiter.

STRATONICE.

I'ignore quel obstacle elle vous montre à craindre;
Mais pour vous soulager s'il ne faut que vous plaindre,
Quelque austere vertu qui la force d'agir,
C'est vn bien qu'elle peut accorder sans rougir.
Pour moy, si sur son cœur, quand elle a tout le vostre,
Ie puis...

ANTIOCHVS.

Vous y pouuez sans doute plus qu'vne autre,
Et si ie me souffrois l'espoir d'vn bien si doux,
Mon amour ne voudroit l'attendre que de vous,
Mais si-tost que j'aurois... Ie sçay trop que ma flame...

STRATONICE.

Et bien, Prince, acheuez.

ANTIOCHVS.

N'en parlons plus, Madame,
I'oubliois vn deuoir que mon respect soûtient,
Ie m'allois égarer, mais ma raison reuient,
Et tant qu'vn coup fatal borne enfin ma misere,
Ie voy qu'il faut languir, soûpirer, & me taire.

STRATONICE.

Pour vous en pouuoir croire, il faut qu'auparauant...

ANTIOCHVS.

Madame, au nom des Dieux n'allez pas plus auant.
Tant que j'aime en secret j'aime auec innocence,
Mais enfin ie la pers si j'en fais confidence,

TRAGI-COMEDIE.

Et c'est peut-estre assez dans vn sort si cruel
De viure malheureux, sans mourir criminel.
STRATONICE.
Aprés ce que sur vous ie dois auoir d'empire,
Prince, c'est m'outrager que s'en vouloir dédire,
Et soupçonner qu'vn zéle aussi faux qu'indiscret...
ANTIOCHVS.
Madame, encor vn coup laissez-moy mon secret.
Vous mesme qui voulez qu'vn libre adueu l'exprime,
S'il eschape à mon cœur, vous m'en ferez vn crime,
Et sans voir par quel ordre il l'ose reueler,
Vous me demanderez qui m'aura fait parler;
Ne vous exposez point pour vouloir trop cõnoistre...
STRATONICE.
Vos malheurs sont au point de ne pouuoir s'accroi-
   stre,
Et quand ie n'agirois qu'afin de vous trahir...
ANTIOCHVS.
Enfin vous le voulez, il faut vous obeïr,
Mais j'atteste les Dieux, si ie romps le silence,
Que vostre ordre à mon feu fait cette violence,
Et que jusqu'au tombeau sans cette dure loy
Ce seroit vn secret entre mon cœur & moy.
Puisqu'il faut expliquer pour qui ce cœur soûpire,
Vous mesme dites-vous ce que ie ne puis dire,
Ce Portrait trop aimable, & trop propre à charmer
Vous montrera l'Objet que ie n'ose nommer.
   Il luy donne le Portrait qu'il a receu d'Arsinoé.
STRATONICE.
Cet excez de respect marque vne ame incapable...
ANTIOCHVS.
Et bien, qu'ordonnez-vous d'vn Amant déplorable?
A tout son desespoir faut-il l'abandonner,
Ou le plaindre d'vn sort qu'il n'a pû détourner?

C ij

Mais voſtre teint ſe change, & ce front qui s'al-
tere...
C'en eſt fait, ie le voy, j'ay deu, j'ay deu me taire,
Et l'amour dont ie ſuis l'indiſpenſable loy,
Quand j'en nomme l'Objet, eſt vn crime pour moy.

STRATONICE.

Voſtre choix me ſurprend, & quelque haut merite
Que cet amour ſe peigne en l'Objet qui l'excite...

ANTIOCHVS.

Ah, ſi par le merite il pouuoit s'excuſer,
Qui n'approuueroit pas ce qu'il me fait oſer ?
A l'orgueil de mes vœux ne faites point de grace,
Mais épargnez l'objet qui les force à l'audace,
Iamais rien de ſi beau ne parut ſous les Cieux,
Iamais rien de ſi vif ne ſceut charmer nos yeux,
De la Diuinité c'eſt l'image viſible,
Pour ne l'adorer pas il faut eſtre inſenſible,
Et quand ce libre adueu preſſe voſtre couroux,
Le malheur eſt pour moy, mais le crime eſt de vous.
Quoy que preſt d'expirer ſous l'horreur du ſilence,
I'ay voulu de mon feu cacher la violence,
I'ay voulu déguiſer à quels charmes ſoûmis...

STRATONICE.

Pourquoy ce long ſilence à qui tout eſt permis ?
Ie dois à ce Portrait l'adueu de voſtre flame,
Et ſur ce qu'il m'apprend...

ANTIOCHVS.

Rendez-le moy, Madame,
Mon amour le demande, & dans ſon deſeſpoir...

STRATONICE.

Ce n'eſt pas de ma main qu'il doit le receuoir.

ANTIOCHVS.

Quoy, me le refuſer ! O rigueur impreueuë !
Et bien, priuez mes yeux d'vne ſi chere veuë,

TRAGI-COMEDIE.

Vous n'empefcherez point que graué dans mon
  cœur
Du beau feu qui m'embrafe il n'augmente l'ardeur.
C'eſt-là que malgré vous j'adoreray fans ceſſe
Les traits d'vne charmante & diuine Princeſſe,
Qu'vn hommage fecret luy foûmettant ma foy...

STRATONICE.
Prince, adieu, c'en eſt trop.

ANTIOCHVS.
                Madame, écoutez-moy.
Si ie ne puis forcer mon amour à fe taire,
I'ay du fang à répandre, il peut vous fatisfaire,
Ie vous l'offre, & mon mal deuiendra plus leger...

STRATONICE.
Tigrane qui paroiſt ſçaura le foulager,
Comme il peut tout pour vous, vous luy pouuez tout
  dire.

SCENE IV.
ANTIOCHVS, TIGRANE.

TIGRANE.
POur adoucir les maux dont voſtre cœur foupire,
Seigneur, fe pourroit-il que mon zéle & mes
  foins...

ANTIOCHVS.
Mon chagrin pour reſver ne veut point de témoins,
Accordez ce relafche à mon ame abatuë.

TIGRANE.
Quoy, vous me déguifez la douleur qui vous tuë?
Et l'amitié, Seigneur, vous y fait confentir?

ANTIOCHVS.

Ie vous l'ay déja dit, Tigrane, il faut partir,
C'est tout ce que ie sçay.

TIGRANE.

Ie n'ose vous promettre
Que le Roy sur ce point vueille rien vous permettre,
D'vn congé si funeste il condamne l'espoir,
Et plein d'impatience il demande à vous voir.
Mais si ie m'en rapporte à ce qu'a dit la Reyne,
Il semble que ie puis soulager vostre peine,
Et qu'à me l'expliquer vous faisant quelque effort...

ANTIOCHVS.

Voyons le Roy, Tigrane, & laissons faire au Sort.

Fin du second Acte.

ACTE III.

SCENE PREMIERE.

SELEVCVS, ANTIOCHVS, Suite.

SELEVCVS.

PRINCE, n'esperez point que jamais ie consente
A ce cruel depart qui flate vostre attente.
S'il faut de vos ennuys partager le tourment
I'en prefere la peine à vostre éloignement,
De vostre veuë au moins laissez-nous l'auantage;
Mais enfin se peut-il que rien ne vous soulage,
Et qu'vn Roy qui peut tout, & fait cent Roys jaloux,
Auec ce plein pouuoir ne puisse rien pour vous ?

ANTIOCHVS.

Seigneur, ie me condamne, & n'ay rien à vous dire,
A l'exil qui m'est dû c'est par là que j'aspire,
Ie rougis de troubler par mon fatal chagrin
Le triomphe éclatant de vostre heureux destin,
Et pour vous épargner la gesne où vous expose...

SELEVCVS.

Vous me l'épargneriez à m'en dire la cause.

SCENE II.
SELEVCVS, STRATONICE ANTIOCHVS, PHENICE, Suite.

SELEVCVS.

Qv'auez-vous fait pour moy? vous auez veu mõ Fils,
Madame, & de vos soins ie me suis tout promis,
Dans le trouble où l'engage vn destin trop contraire
A-t'il pû vous cacher ce qu'il aime à nous taire?

ANTIOCHVS.

S'il estoit quelque soin qui le pust adoucir,
Les bontez de la Reyne auroient dû reüssir,
Mais dans mes sens confus, Seigneur, tel est ç trouble,
Que plus on le combat, plus ie sens qu'il redouble,
Et malgré moy sans cesse interdit, estonné...

STRATONICE.

A d'éternels ennuys il se croit destiné,
Mais quel que soit le mal à qui sa raison cede,
Peut-estre est-il aisé d'en trouuer le remede,
Et l'on n'ignore pas où l'on doit recourir
Quand on n'a dans vn cœur que l'amour à guerir.

SELEVCVS.

Quoy, mon Fils aimeroit?

ANTIOCHVS.

Qu'auez-vous dit, Madame.

STRATONICE.

Ouy, Seigneur, son chagrin est l'effet de sa flame,
Son cœur de son secret obstinément jaloux,

TRAGI-COMEDIE.

ANTIOCHVS.
[A]h, Madame, est-ce là ce que j'ay crû de vous?

SELEVCVS.
[N']en rougy point, mon Fils; si l'adueu t'en fait honte,
[S]çoy qu'il n'est point de cœur que l'Amour ne sur-
monte,
[E]t pour authoriser celuy qui t'a surpris,
[S]onge que ton Pere aime auec des cheueux gris.
[Q]uelques brulants transports où cette ardeur t'en-
traine,
[P]uis-je les condamner quand j'adore la Reyne,
[E]t prefere en l'aimant la gloire de ses fers
[A] celle de me voir Maistre de l'Vniuers?
[A]ime donc puisqu'enfin aimer n'est pas vn crime,
[M]ais aime pour te rendre vn secours legitime,
[Q]uelque cœur que l'amour te force d'attaquer
[P]our voir finir tes maux tu n'as qu'à t'expliquer.

ANTIOCHVS.
[S]eigneur, trop de bonté pour moy vous interesse,
[I]'aime, en vain ie voudrois vous cacher ma foiblesse,
On vous en a trop dit, mais enfin c'est du temps
Que dépend dans mes maux le secours que j'attens,
Vaincre ma passion en est le seul remede.

SELEVCVS.
A tant d'aueuglement se peut-il qu'elle cede
Que dans ce qu'authorise vn absolu pouuoir,
Tu n'oses luy souffrir la douceur de l'espoir?
Voy dans toute l'Asie, a-t'elle aucune Reyne
Qui dédaignast l'honneur d'auoir causé ta peine?
Ou s'il te plaist d'aimer dans vn destin plus bas,
Pour l'éleuer à toy choisy qui tu voudras,
Ma tendresse y consent, & tu n'as rien à taire.

ANTIOCHVS.
Ie me vaincray, Seigneur, c'est tout ce qu'il faut faire.

SELEVCVS.
Hastez la guerison d'vn Amant trop discret,
Madame, vous sçauez le reste du secret ?
STRATONICE.
Ouy, Seigneur, & ie puis...
ANTIOCHVS.
Ne dites rien, Madame,
Vous n'auez que trop fait d'auoir trahy ma flame,
Bornez-la des malheurs qu'on ne peut reparer,
Et laissez-moy mourir sans me desesperer.
STRATONICE.
Souffrir que sous l'amour vn si grand Prince expire!
Ce Portrait vous dira ce qu'il n'ose vous dire,
Seigneur, voyez pour qui son cœur est preuenu.
ANTIOCHVS *pendant que Seleucus regarde le Portrait.*
Enfin l'on sçait mon crime, & tout vous est connu,
L'Astre qui m'en a fait vn destin necessaire
Dérobe à mon respect la gloire de me taire,
Et pour comble d'horreur dans vn mal si pressant
Il ne m'est plus permis de mourir innocent;
C'estoit par là pourtant que ie flatois ma peine,
Et si j'ay découuert mon secret à la Reyne,
I'auois quelque sujet de croire qu'à son tour
Elle voudroit m'aider à cacher mon amour.
L'adueu qu'elle en a fait demande mon suplice,
Ordonnez-le, Seigneur, & vous faites justice,
Déja ce que pour vous j'y prenois d'interest
Par l'exil que ie presse auoit fait mon arrest.
SELEVCVS.
O vertu sans exemple ! ô cœur trop magnanime !
Ne parle point, mon Fils, ny d'exil ny de crime,
Quoy qu'oppose à ta flame vn scrupuleux deuoir,
C'est trop, c'est trop long-temps luy deffédre l'espoir,

TRAGI-COMEDIE.

Ie répons du succez, aime sans plus rien craindre.
ANTIOCHVS.
Que pour moy jusques-là vous vueilliez vous con-
 traindre!
Ah, pluſtoſt qu'abuſer de vos rares bontez,
Puiſſent croiſtre ces maux que j'ay trop meritez,
Puiſſent...
SELEVCVS.
Ie ſçais à quoy ton grand cœur te conuie,
Tu dois tout à Tigrane, il t'a ſauué la vie,
Mais le trouble où t'abyſme vn long & dur ennuy,
Quoy qu'il ait fait pour toy, te rend quite vers luy,
Tu n'as que trop payé ce fidelle ſeruice.
ANTIOCHVS.
Ie crains peu qu'en mon cœur jamais rien l'affoi-
 bliſſe,
Mais pourquoy m'aduertir de ce que ie luy doy?
Tigrane...
SELEVCVS.
Le voicy, laiſſe parler ton Roy.

SCENE III.

SELEVCVS, ANTIOCHVS, STRATONICE, TIGRANE, PHENICE, Suite.

SELEVCVS à *Tigrane.*
POur arracher ton Prince au tourment qui l'ac-
 cable,
D'vn grand & rare effort ſens-tu ton cœur capable?

TIGRANE.
Au prix de tout mon sang j'aspire à le montrer,
Seigneur...
SELEVCVS.
Dans ses ennuys on vient de penetrer,
Il en cachoit la cause auec vn soin extréme,
Mais tout est éclaircy, te le diray-je? il aime,
Et son feu qu'au silence il a toûjours contraint,
A causé tous les maux dont tu le vois atteint.
Puisque d'Arsinoé dépend son seul remede,
Il faut qu'à son amour ton amitié la cede,
Et qu'vn heureux hymen commence dés demain
A luy rendre vn repos qu'il attend de sa main.
ANTIOCHVS. (menée
Moy, Seigneur? la Princesse! Ah Dieux! qu'à Phy-
Tigrane...
SELEVCVS.
Son malheur tient ton ame estonnée,
Tu crains de luy rauir ce qui plaist à ses yeux,
Mais enfin à l'Estat tes jours sont precieux;
Quelque atteinte qu'il sente à ce grand coup de
  foudre,
Pour conseruer ta vie il sçaura s'y resoudre,
Ie répons de son zele, & connoy trop sa foy.
TIGRANE.
Vous le pouuez, Seigneur, ie dois tout à mō
Roy.
ANTIOCHVS.
On s'abuse, Tigrane, & c'est en vain qu'on pense...
SELEVCVS.
Assez & trop long-temps tu t'es fait violence,
Laisse enfin éclater vn amour trop discret,
Va voir Arsinoé, ie te rends son Portrait,
D'vn gage si charmant la garde est toûjours chere.
ANTIO

TRAGI-COMEDIE.

ANTIOCHVS *regardant le Portrait.*

Confus, hors de moy-mesme, & contraint de me taire...

SELEVCVS.

Dans l'excez du bonheur les sens sont interdits,
Enfin ie n'ay plus rien à craindre pour mon Fils.
Madame, c'est à vous que j'en dois l'auantage,
Mais ne dédaignez pas d'acheuer vostre ouurage,
Et puisqu'à la Princesse il faut tout declarer,
Par vn premier aduis venez-l'y preparer.

ANTIOCHVS.

Madame, se peut-il...

STRATONICE.

Ouy, perdez vos alarmes,
Vos vœux pour la Princesse auront assez de charmes,
Et si pour la toucher quelque soin m'est permis,
Ie vous y seruiray comme ie l'ay promis.

SCENE IV.

ANTIOCHVS, TIGRANE.

TIGRANE.

IE ne demande plus d'où partoit le silence
Qui de vostre secret m'ostoit la connoissance,
Seigneur, il est donc vray qu'vn reuers trop fatal
M'apprestoit la douleur de vous voir mon Riual,
De voir tout ce qu'on craint dans vn malheur extréme
Porter sur mon amour...

ANTIOCHVS.

Quoy, Tigrane, & vous-mesme

Vous croyez que mon cœur pour la Princesse
TIGRANE. (atteint.
Ah, ce n'est pas dequoy ma passion se plaint.
Arsinoé sans doute à tous les aduantages
Dont l'éclat puisse plaire aux plus nobles courages,
Et comme rien n'échape à qui peut tout charmer,
Puisque vous la voyiez, vous auez dû l'aimer;
Ie me plains seulement que l'adueu de ma flame
Ne m'ait pas attiré le secret de vostre ame,
Mon respect joint alors à ce que ie vous doy
Eust esté pour me vaincre vne assez forte loy.
Dans ces commencemens, quelque ardeur qui nous presse,
Des sens encor soûmis la raison est maistresse,
Et contraint en naissant d'en estouffer l'appas,
Si le cœur en soûpire, il soûpire tout bas;
Mais auant qu'éclater vous m'auez laissé prendre
Tout l'espoir qu'vn beau feu puisse jamais attendre,
Vous auez consenty que ce cœur amoureux
Touchast le doux moment qui m'alloit rendre heureux,
Demain l'Hymen deuoit couronner ma victoire,
Demain ie deuois estre au faiste de la gloire,
Et par l'affreux reuers d'vn trop funeste sort,
Le jour de mon triomphe est celuy de ma mort.
ANTIOCHVS.
Non, non, quoy qu'il arriue, aimez en asseurance,
Les maux dont vous tremblez ne sont qu'en apparence,
C'est de mon seul repos que le Sort est jaloux,
Tigrane, croyez-m'en, la Princesse est à vous.
TIGRANE.
Elle est à moy, Seigneur! & le puis-je pretendre
Quand c'est me l'arracher que me la vouloir rendre,

TRAGI-COMEDIE.

Et que voſtre vertu par cét illuſtre effort
M'expliquant mon deuoir fait l'arreſt de ma mort?
Au peril de vos jours chercher à vous contraindre,
C'eſt combatre mon feu, c'eſt m'apprendre à l'éteindre,
Et croiſtre d'autant plus de ſi ſenſibles coups
Qu'il ne m'eſt pas permis de me plaindre de vous.
Encor ſi vous diſiez qu'à l'eſpoir qu'on me vole
Vous voulez que pour vous ma paſſion s'immole,
Et qu'vn ordre abſolu me forçaſt d'étoufer
Vn feu dont voſtre cœur n'auroit pû triompher,
Ie vous demanderois ſi vous auriez dû croire
Que j'obtinſſe pluſtoſt cette triſte victoire,
Et ſi pour renoncer à l'eſpoir le plus doux
I'aurois ou plus de force, ou moins d'amour que vous.
Ie vous demanderois par quelle grandeur d'ame
Ie pourrois plus ſur moy que vous ſur voſtre flame,
Et pourquoy juſqu'au jour où j'attens tout mon bien
On m'auroit tout promis pour ne me donner rien;
Mais plus vous me cedez, moins ce bien me demeure,
Quand vous voulez mourir, l'honneur veut que ie meure,
Et meure au deſeſpoir d'eſtre encor vers le Roy
Coupable des ennuys que vous ſouffrez pour moy.

ANTIOCHVS.

Ils ſont grands, ie l'aduouë, & i'ay lieu de m'en plaindre,
Mais s'il m'eſtoit permis de ne me point contraindre,
Et de vous faire voir à quels rudes combats…

TIGRANE.

Parlez, parlez, Seigneur, ne vous contraignez pas,

D ij

Dites que la Princesse agrée en vain ma flame,
Qu'elle a tout vostre cœur, qu'elle a toute vostre ame,
Qu'auant que la ceder vous verrez tout perir,
Ie mourray de l'entendre, & ie cherche à mourir.
ANTIOCHVS.
Quoy? vous me reduirez à vous dire sans cesse
Que ie ne pretens rien au cœur de la Princesse,
Que loin que mon espoir combate vostre feu,
Ie suis prest...
TIGRANE.
Ah, Seigneur, pourquoy ce desaueu?
N'auez-vous pas au Roy declaré quel empire...
ANTIOCHVS.
J'ay parlé sans sçauoir ce que j'ay voulu dire,
Ou plustost dans les maux dont ie suis attaqué,
On a crû mon silence, il s'est mal expliqué.
TIGRANE.
Et ce Portrait, Seigneur?
ANTIOCHVS.
En vain on me l'oppose,
S'il semble auoir trop dit n'en cherchez point la cause,
Mon cœur dont ce mystere augmente l'embarras,
Ne vous peut éclaircir ce qu'il ne conçoit pas.
TIGRANE.
Ie le conçois, Seigneur, mon desespoir vous gesne,
Vous m'en môtrez l'exemple, il faut ceder sans peine,
S'applaudir en donnant ce qu'on a de plus cher,
Et démentir l'amour qu'on ne peut s'arracher.
Et bien, quoy que sur nous son pouuoir soit extréme,
Si vous y renoncez, j'y renonce de mesme.
Dequoy que la Princesse ait paru me flater,
Vous engager son cœur c'est ne me rien oster,

TRAGI-COMEDIE.

Si j'eus long-temps l'espoir que le Roy vous asseure,
Ie le pris sans amour, ie le perds sans murmure,
Sa main pour mon bonheur n'auoit rien d'importāt,
En est-ce assez, Seigneur, & viurez-vous content?
ANTIOCHVS.
Pour l'esperer jamais ma disgrace est trop forte.

SCENE V.
ANTIOCHVS, ARSINOE', TIGRANE, BARSINE.

ANTIOCHVS.
Madame, retenez vn Amant qui s'emporte,
Sa mort sera l'effet d'vn ordre qu'il reçoit,
Son desespoir la presse, & c'est luy qu'il en croit.
ARSINOE.
Quoy que de Seleucus le Ciel m'ait fait dependre,
Tigrane sçait de moy ce qu'il a droit d'attendre;
Mais comme enfin cét ordre a droit de l'étonner,
De grace, apprenez-moy ce qui l'a fait donner.
Qu'auez-vous dit, Seigneur, dont son ame abatuë..
TIGRANE.
Qu'il meurt d'amour pour vous, que cét amour le tuë,
Et que pressé d'ennuys, la langueur qui les suit
Est l'effet de l'estat où vous l'auez reduit.
ARSINOE à *Antiochus*.
Sous quelque dur soupçon que Tigrane languisse,
Ie me connoy, Seigneur, & ie vous rends justice,
Ce qui le fait trembler étonne peu ma foy;
Mais encor vne fois qu'auez-vous dit au Roy?
Luy deuiens-je suspecte, & m'auez-vous nommée?

D iij

ANTIOCHVS.

Non, Madame, & sa flame en vain s'est alarmée,
Le nom d'Arsinoé ne m'est point échapé,
Et si le Roy se trompe, il veut estre trompé.

TIGRANE.

Helas! pour exprimer tout l'amour qui l'inspire,
Montrer vostre Portrait n'est-ce pas assez dire,
Et sur l'heureux depost d'vn gage si charmant
Peut-il moins aduoüer que le tiltre d'Amant?

ARSINOE.

M'a-t'on dit vray, Seigneur, qu'expliquãt vostre peine
Vous ayez laissé voir mon Portrait à la Reyne,
Et souffert que le Roy...

ANTIOCHVS.

        Madame, vous sçauez
Que plaignant les ennuys qui me sont reseruez
Vous-mesme...

ARSINOE.

Et bien, Seigneur?

TIGRANE.

        Que cherchez-vous, Madame?
Son trouble n'est-il pas le témoin de sa flame?
Vous faut-il vn témoin plus fort, plus asseuré,
Et Tigrane a-t'il tort s'il meurt desesperé?

ANTIOCHVS.

Ses transports iront loin si vostre amour n'arreste
L'injuste desespoir où ce Portrait le jette,
Il est vray qu'on l'a veu, mais sans trop s'alarmer,
Qu'il attende...

ARSINOE.

     Ie voy ce qu'il faut presumer,
Et penetre à la fin sous quel secret empire...

ANTIOCHVS.

Ah, Madame, sur tout gardez-vous de rien dire,

TRAGI-COMEDIE.

Ou pluftoft du silence où ie dois m'obstiner
Gardez-vous malgré moy d'oser rien deuiner,
Loin d'adoucir mes maux ce seroit les accroistre.
TIGRANE.
Pour ne les guerir pas ils se font trop connoistre,
Et d'vn amour contraint le dur accablement,
Sans qu'on deuine rien, parle assez clairement.
ANTIOCHVS.
O deuoir, ô respect dont la loy trop seuere
Quand ie veux m'expliquer me códamne à me taire!
Ie ne vous dis plus rien, mais pour m'en consoler,
Les effets parleront si ie n'ose parler.

SCENE VI.
ARSINOE', TIGRANE, BARSINE.
TIGRANE.
Madame, c'est donc là...
ARSINOE.
Vous n'estes pas à plaindre
Autant que vostre amour vous engage à le craindre.
Quelque ordre dont l'éclat menace vostre espoir,
Il suffit que c'est moy qui dois le receuoir.
TIGRANE.
Contre l'ordre du Roy que peut vostre constance?
ARSINOE.
Par luy, par son adueu ma flame a pris naissance,
Tigrane, & c'est assez pour m'acquerir les droits
D'appuyer hautement la gloire de son choix.
TIGRANE.
A suiure ce projet quand le Prince vous aime,
Songez-vous que déja sa langueur est extréme,

Qu'on en voit chaque jour redoubler les accez,
Qu'on tremble de la suite ?
ARSINOE.
Attendez le succez.
TIGRANE.
Il y va de sa vie, & quand le peril presse,
Vous voulez...
ARSINOE.
Sa vertu bannira sa foiblesse,
Ou s'il essaye en vain de contraindre ses vœux,
Le Roy n'a qu'à vouloir, & le Prince est heureux.
TIGRANE.
Et ne le veut-il pas quand son ordre m'arrache...
ARSINOE.
Vostre heur est toûjours seur, quelque ombre qui le
Ne vous alarmez point.   (cache,
TIGRANE.
Quoy ? garder quelque espoir,
Quand pour le rēdre heureux le Roy n'a qu'à vouloir ?
ARSINOE.
Ie vous le dis encor malgré vostre surprise,
La guerison du Prince au Roy seul est remise,
Mais il est dangereux en de tels embarras
D'oser trop s'expliquer ce qu'on ne comprend pas.
TIGRANE.
C'est sans m'expliquer rien que ie puis vous entēdre,
Qu'à mon malheur d'obscur pour ne le point com-
Ne vois-je pas...   (prendre ?
ARSINOE.
Adieu, gardez toûjours ma foy,
Ie vous en diray plus quand j'auray veu le Roy.

Fin du troisième Acte.

TRAGI-COMEDIE.

ACTE IV.

SCENE PREMIERE.
STRATONICE.

Flateuse illusion que j'ay trop osé croire,
Doux abus de mon cœur par mes desirs trompé,
Cessez pour me punir d'opposer à ma gloire
Le pouuoir que sur luy vous auez vsurpé.
D'vn vray merite en vain j'eus peine à me deffendre,
En vain ie l'écoutay sur la foy de l'amour,
S'il triompha par là de ce cœur foible & tendre,
Le noble & juste orgueil qui cherche à me le rendre,
En doit triompher à son tour.

Ouy, pour en arracher cette estime enflamée
Dont mon deuoir trop tard se sentit alarmer,
Il suffit de l'affront de n'estre point aimée
A qui sur cét espoir s'estoit permis d'aimer.
Voy donc auec mépris tout ce qu'eut d'estimable
Ce Prince qui sur toy prenoit trop de pouuoir:
Mais d'vn pareil effort est-on si-tost capable,
Et pour cesser d'aimer ce que l'on trouue aimable,
Helas! n'a-t'on qu'à le vouloir?

Ie sçay que le dépit qu'vn autre Objet l'emporte
Semble jusqu'à la hayne attirer tous nos soins,
Qu'à nos yeux la plus rude à peine est assez forte;
Mais pour vouloir haïr on n'en aime pas moins.
L'ardeur de se vanger par là de ce qu'on aime
Hausse le prix d'vn cœur vainement attaqué,
Et sentir dans ce trouble vne colere extréme
C'est moins le dédaigner, que vanger sur soy-mesme
    La honte de l'auoir manqué.

Ainsi ne prétens point auoir éteint ta flame
Par ce brûlant couroux qui te defend d'aimer,
Le vif ressentiment qui l'étouffe en ton ame
Ne fait que l'assoupir pour mieux se rallumer.
La seule indifference est la marque certaine
D'vn cœur que la raison ou soulage, ou guerit,
Et loin que les transports de colere & de hayne
De ce cœur indigné puissent calmer la peine,
    C'est dequoy l'amour se nourrit.

Cependant quand l'Hymen étonne ta constance,
Que ta lâche vertu fremit de ton deuoir,
T'oseras-tu vanter de cette indifference
Qui fait seule acquerir ce que tu crois vouloir?
T'apprend-elle à ceder à l'oubly necessaire
De tant de vœux secrets que tu te crus permis,
Et dans l'instant fatal qu'vn destin trop seuere
T'aduertit que demain tu dois ton cœur au Pere,
    Peux-tu ne point songer au Fils?

Dures extrémitez où l'ame partagée...

SCENE II.

STRATONICE, PHENICE.

PHENICE.

Madame, sçauez-vous que vous estes vangée?
En vain Antiochus se flatoit d'estre heureux,
La fiere Arsinoé n'en peut souffrir les vœux,
Et si le Roy pretend vser de sa puissance,
Elle sçait comme il faut signaler sa constance,
C'est assez qu'à Tigrane elle ait donné sa foy,
Voila ce qui se dit.

STRATONICE.
Et que resout le Roy?
PHENICE.
Pour vaincre ses refus on croit qu'il l'ait mandée,
Mais dans le pur amour dont elle est possedée,
Les ordres violents qu'elle va receuoir
N'en feront dans son cœur qu'affermir le pouuoir.

STRATONICE.
Qu'importe du succez à mon ame alarmée?
Pour refuser d'aimer n'est-elle point aimée,
Et quoy que sa fierté braue l'ordre du Roy,
En vois-je moins ailleurs ce que ie crus à moy?

PHENICE.
L'amour d'Antiochus n'a pû trop vous surprendre,
Mais comme à son Hymen vous ne pouuiez pretendre,
C'est du moins quelque charme à vostre esprit jaloux
De le voir dans ses vœux aussi trompé que vous.

STRATONICE.
Que tu penetres mal l'ennuy qui me surmonte!
Si le Prince est trompé, Phenice, il l'est sans honte,
Et n'a point à rougir de s'estre répondu
Du succez qu'à sa flame il croyoit estre deu.
Il sçauoit qu'à Tigrane Arsinoé fidelle
Verroit auec chagrin qu'il soûpirast pour elle,
Et poursuiuant vn cœur pour vn autre enflamé,
Il aimoit asseuré de n'estre point aimé.
Mais qui n'auroit point crû qu'vne secrete flame
M'auoit abandonné l'empire de son ame?
De ses yeux interdits la confuse langueur
Sembloit de son destin m'expliquer la rigueur,
A ses souhaits pour moy rien ne pouuoit suffire,
Il parloit, s'égaroit, & craignoit de trop dire.
S'il alloit quelquefois jusques à m'admirer,
Se taisant tout à coup ie l'oyois soûpirer,
Et de son feu secret j'auois pour asseurance
Ses regards, ses soûpirs, sa crainte, & son silence.
Cependant j'ay trop crû ce silence trompeur.
Ah, si tu connoissois tout ce que souffre vn cœur,
Quand au gré de ses vœux se flatant d'estre aimée
On croit oüir son nom, & qu'vne autre est nommée!
PHENICE.
C'est sans doute vn chagrin qu'on ne peut conce-
uoir,
Mais dequoy peut se plaindre vn amour sans espoir?
Que perd-on en perdant ce qu'on n'a pû pretendre?
STRATONICE.
La gloire d'auoir pris ce qu'on auoit crû prendre,
Et de pouuoir du moins ne se point reprocher
Qu'on ne meritoit pas ce qu'on n'a sçeu toucher.
Outre que dans le rang où le Ciel m'a fait naistre,
Ie rougissois d'vn feu que ie sentois s'accroistre,

Et

TRAGI-COMEDIE.

Et pour en consoler ma seuere fierté
Ie voulois m'excuser sur la Fatalité,
Voir le mesme Ascendant par vne égale amorce
Forcer Antiochus de mesme qu'il me force,
Et pouuoir imputer mes vœux trop enflamez
Au panchant inuincible où nous estions formez;
Mais lors qu'à mon destin le sien est si contraire
Il semble que ma flame ait esté volontaire,
Et que mon cœur exprez pour mandier le sien
Se soit permis des vœux dont ie n'attendois rien.
Peut-estre, helas! peut-estre à m'expliquer trop
  prompte,
De ces vœux indiscrets j'ay découuert la honte,
I'ay pû luy donner lieu de s'en apperceuoir,
De voir toute mon ame, & c'est mon desespoir.

PHENICE.

Sur ce scrupule en vain vostre fierté s'alarme,
Il aime Arsinoé, cét amour seul le charme,
Son cœur à cette idée entierement rendu,
Quoy que vous ayez dit, n'aura rien entendu,
Et loin de voir pour luy que vostre ame enflamée.

STRATONICE.

Ah, pour le remarquer que ne m'a-t'il aimée,
Et quand à s'enhardir mon feu luy donnoit jour,
Que ne l'ay-je pû voir éclairé par l'amour?
N'y pensons plus, Phenice, ou croyons qu'il s'obstine
A brauer l'Ascendant qui pour moy le domine,
Et que pour l'en punir, les Dieux l'ont fait pancher
Où d'autres vœux receus l'empeschent de toucher.
Mais sans doute frapé d'vne mortelle atteinte
Tigrane que ie voy vient m'adresser sa plainte,
Tandis que sa douleur se soulage auec moy,
Va sçauoir, s'il se peut, les sentimens du Roy.

E

SCENE III.

STRATONICE, TIGRANE.

STRATONICE.

Vn reuers trop cruel trauerse vôtre flame
Pour pouuoir m'étôner du trouble de vôtre ame;
Mais du moins c'est beaucoup que malgré sa rigueur.
D'vn triomphe secret vous goustiez la douceur.
J'apprens que de vos feux la Princesse charmée
Fait vanité d'aimer autant qu'elle est aimée,
Et que sur sa constance on ne sçauroit gagner
D'en immoler la gloire à celle de regner.

TIGRANE.

Madame, le Destin m'est d'autant plus contraire
Qu'au moment qu'il m'accable il consent que j'espere,
Et par de faux appas éblouïssant ma foy
Me force d'appuyer ce qu'il fait contre moy.
Antiochus renonce à m'oster ce que j'aime,
D'Arsinoé pour moy la constance est extréme;
Et quoy qu'on fasse enfin, si ie les croy tous deux,
Rien ne peut mettre obstacle au succez de mes feux.
Du Prince cependant le déplaisir s'augmente,
Son chagrin est plus noir, sa langueur plus traisnante,
Et si de sa vertu j'ose me préualoir,
Sa mort presque certaine étouffe mon espoir.
Iugez si mes ennuys en ont moins d'amertume.

STRATONICE.

Peut-estre il n'aime pas autant qu'on le presume,
Et puisqu'à son bonheur il cherche à resister
On peut croire....

TRAGI-COMEDIE.

TIGRANE.

Ah, Madame, il n'en faut point douter,
La Princesse le charme, il l'adore, & son ame
Peut à peine suffire à l'excez de sa flame,
Iamais vn plus beau feu ne regna sur vn cœur,
Mais vn foible seruice en arreste l'ardeur;
Il ne peut oublier qu'vn sort digne d'enuie
M'a fait sauuer ses jours au peril de ma vie,
Et par reconnoissance il s'obstine à son tour
A donner aujourd'huy la sienne à mon amour.

STRATONICE.

Ie voy ce qui vous gesne, vne amitié si pure
Vous force à refuser ce qu'elle vous asseure;
Mais au moins vostre amour dans ce reuers fatal
N'a point à redouter le bonheur d'vn Riual,
Puisqu'à vous preferer la Princesse constante
Sçaura trop....

TIGRANE.

C'est par là que mon malheur s'augmente.
On m'apprend que le Roy de tant d'amour surpris
M'impute pour son choix ce qu'elle a de mépris,
Et que si jusqu'au bout il la trouue obst'née
A refuser l'honneur de ce grand Hymenée,
Comme il m'en croit la cause, il veut que dés de-
   main
Moy-mesme ie choisisse à qui donner ma main.
La Princesse par là de sa foy dégagée
N'aura plus dans ses vœux à rester partagée,
Et voyant mon deuoir porter ma flame ailleurs,
Cedera sans scrupule à des destins meilleurs.
S'il est vray qu'on m'appreste vn si cruel supplice
I'implore vos bontez contre tant d'injustice,
Par pitié de mes maux détournez-en l'effet,
Il suffit de l'effort que mon deuoir s'est fait,

E ij

ANTIOCHVS,
Pourquoy presser l'éclat d'vn desespoir funeste?
Ma douleur le commence, elle répond du reste,
Et n'aura pas besoin, pour terminer mes jours,
De souffrir que mon bras luy preste du secours.

STRATONICE.
Si le Prince...

TIGRANE.
A ses yeux il faut cacher mon trouble,
Et puisque mon malheur par sa vertu redouble,
Ie vous laisse empescher qu'vne vaine pitié
N'immole dans son cœur l'amour à l'amitié.

SCENE IV.
STRATONICE, ANTIOCHVS.

STRATONICE.
PRince, enfin il est temps que ce chagrin s'efface,
Tigrane sans murmure accepte sa disgrace,
Et pour finir vos maux renonçant à l'espoir....

ANTIOCHVS.
Pour les finir? helas! en a-t'il le pouuoir?
Non, non, ces tristes maux dont ma flame est suiuie
N'auront jamais de fin qu'en celle de ma vie,
Et pour quitter ces lieux ie me voy dispensé
D'attendre le congé que vous auez pressé.
Demain le Roy vous place au Trône de Syrie,
I'en seray le témoin, mon deuoir m'y conuie,
Mais ma fuite suiura la pompe de son choix,
Et ie vous parle icy pour la derniere fois.

STRATONICE.
L'hymen d'Arsinoé...

TRAGI-COMEDIE.
ANTIOCHVS.
Ie le voy bien, Madame,
Vous consentez pour elle au beau feu qui m'enflame,
Mais l'excuseriez-vous si de ce feu charmé
I'aduoüois que c'est vous qui l'auez allumé ?
STRATONICE.
Moy, Prince ?
ANTIOCHVS.
Il n'est plus temps, Madame, de vous taire
Qu'Arsinoé n'a rien de ce qui peut me plaire.
Ne me demandez point quel fatal contre-temps
M'a fait luy donner part aux ennuys que ie sens,
Comme vn malheur toûjours est la source d'vn autre,
Vous donnant son Portrait j'ay crû montrer le vôtre,
Et sur le faux rapport de vos yeux abusez
On l'accuse des maux que vous m'auez causez.
STRATONICE.
Et vous ne craignez point d'exciter ma colere ?
ANTIOCHVS.
Qu'elle éclate, Madame, elle m'est necessaire,
Et quoy que mes ennuys doiuent trâcher mes jours,
Pour en haster l'effet il leur faut du secours.
Dure necessité de mon malheur extréme !
I'aspire à la douleur d'irriter ce que j'aime,
Et pour mourir pluftoft, forcé de me trahir,
I'ay besoin de chercher à me faire haïr.
Par là mon desespoir pressant sa violence...
STRATONICE.
Ce transport va trop loin, & dit plus qu'il ne pense,
Mais ie dois excuser ce triste excez d'ennuys
Qui vous fait malgré vous oublier qui ie suis.
ANTIOCHVS.
N'excusez point mon crime, il n'a rien que j'ignore,
C'est vous qui me charmez, vous que mõ cœur adore,

E iij

Et ce cœur qu'à vous voir vn prompt amour surprit,
En vous l'osant jurer, sçait trop bien ce qu'il dit.
STRATONICE.
Si c'est sans vostre adueu qu'il s'en est rendu maistre,
Vous deuriez au moins l'empescher de paroistre,
Et ne me pas reduire à songer à punir
Quand la pitié de moy voudroit tout obtenir.
ANTIOCHVS.
Pour moy dans mes malheurs la vostre seroit vaine,
D'autres cherchent l'amour, ie cherche vostre haine.
Pour prix des plus beaux feux à qui l'on pûst ceder,
Aprés ce que ie souffre, est-ce trop demander?
STRATONICE.
Quoy que vostre douleur de cette haine espere,
Ne la meritez point si vous me voulez plaire,
Et me cachant l'amour qui tient vos sens seduits,
Laissez-moy la douceur de plaindre vos ennuis.
ANTIOCHVS.
Plaindre d'vn malheureux la disgrace inhumaine
C'est montrer quelque pente à soulager sa peine,
Et pour flater la mienne au point qu'elle se voit,
Si c'est moins qu'il ne faut, c'est plus qu'on ne luy
  doit.
STRATONICE.
Si le Ciel à mon choix... Mais qu'est-il necessaire...
ANTIOCHVS.
N'acheuez point si-tost.
STRATONICE.
          C'est à moy de me taire,
Mon destin le demande, il luy faut obeir.
ANTIOCHVS.
Mais enfin si le Ciel vous eust laissé choisir?
STRATONICE.
Que vous estes cruel! Ah!

TRAGI-COMEDIE.

ANTIOCHVS.

Voſtre cœur ſoûpire?

STRATONICE.

Ce ſoûpir eſchapé...

ANTIOCHVS.

Parlez, que veut-il dire?
M'apprend-il que mes vœux des voſtres ſecondez...

STRATONICE.

Que me demandez-vous puiſque vous l'entendez?

ANTIOCHVS.

Quoy? voſtre hymen me liure au plus cruel ſupplice
Sans que de mes malheurs voſtre cœur ſoit complice,
Et ſi voſtre ſeul choix auoit reglé vos vœux,
I'aurois pû par mes ſoins meriter d'eſtre heureux?

STRATONICE.

Prince, n'abuſez point d'vne pitié trop tendre
Qui m'a fait dire plus qu'on ne deuoit entendre,
Et ſans quelques ſoûpirs n'a pû me laiſſer voir
L'aſpre neceſſité de ſuiure mon deuoir.
Il pourra tout ſur moy, mais en l'oſant promettre
I'auoüeray qu'en ſecret ie tremble à m'y ſoumettre,
Et que l'ordre à mon cœur auroit eſté plus doux
Si le Ciel m'euſt ſouffert d'en diſpoſer pour vous.
C'eſt alors qu'on m'euſt veuë en receuant le voſtre...

ANTIOCHVS.

Ah, Madame, il en a diſpoſé pour vn autre,
Et dequoy que pour moy vous vous ſentiez preſſer,
Voſtre main eſt promiſe, il n'y faut point penſer.

STRATONICE.

Ie ſuis deuë à l'Eſtat, il me fait ſa victime.

ANTIOCHVS.

C'eſt à moy cependant à payer pour ce crime,
A ſoûpirer ſans ceſſe, & languir conſumé
De l'ennuy de pouuoir, & n'oſer eſtre aimé.

ANTIOCHVS,

Pour en cacher l'excez blafmerez-vous ma fuite?

STRATONICE.

Non, Prince, & dans l'eftat où mon ame eft reduite
I'y confens d'autant plus que fa trifte rigueur
Sauuera ma vertu des troubles de mon cœur.
La pitié de vos maux dés l'abord y fit naiftre
Vn chagrin inquiet que ie n'ofay connoiftre;
Mais fi le charme en plut à mes fens alarmez
Il fe rend plus fenfible à voir que vous m'aimez,
Malgré moy ie fuccombe à ce qu'il a d'amorce,
I'aime l'appas flateur dont le pouuoir m'y force,
Et quand ie vous eftime, vn fentiment confus
M'engage à foûpirer de n'ofer rien de plus.
Allez, Prince, & daignez m'épargner vne veuë
Qui me fait oublier à qui ma main eft deuë,
Non qu'enfin ma raifon en ait moins de pouuoir,
Mais j'écoute, & c'eft trop pour qui fçait fon deuoir.

ANTIOCHVS.

De vos bontez pour moy ce dernier témoignage
Pour ce cruel deuoir eft fans doute vn outrage,
Mais enfin par ma mort s'il peut fe reparer,
Confolez-vous, Madame, il n'a guere à durer.

STRATONICE.

Si voftre éloignement s'eft rendu neceffaire,
Songez que voftre vie a lieu de m'eftre chere,
Et que l'honneur toufiours permettant d'eftimer...

ANTIOCHVS.

Helas! Madame, helas! ie viurois pour aimer.
Pourriez-vous à ce prix confentir à ma vie?

STRATONICE.

Viuez pour n'aimer plus, c'eft moy qui vous en prie,
Ou fi ce trifte effort paffe voftre pouuoir,
Prince, viuez du moins pour ne le plus vouloir.

TRAGI-COMEDIE. 57
ANTIOCHVS.

Ainsi, quelques ennuis que j'aye encor à craindre,
Vous n'aurez qu'à vouloir pour cesser de m'en plaindre?
Vostre cœur aussi-tost se rendant tout à soy...

STRATONICE.

Prince, adieu, plus j'écoute, & moins ie me connoy.

ANTIOCHVS.

Et bien, il faut suruiure à cet adieu funeste,
Il faut voir vostre Hymen, j'ordonneray du reste;
Mais au moins si l'honneur apres ce triste iour
N'ose plus vous souffrir de plaindre mon amour,
Attendant que ma mort en efface le crime,
Madame, asseurez-moy de toute vostre estime,
Me la promettez-vous?

STRATONICE.
Ouy, ie vous la promets,
Fuyez, & s'il se peut, ne me voyez jamais.

ANTIOCHVS.

Ah, si c'est pour jamais que le Ciel nous separe,
Madame, soustenez ma raison qui s'égare,
Et qu'vn moment encor... elle fuit, & ie voy...

SCENE V.

ANTIOCHVS, ARSINOE'.

ARSINOE.

Seigneur, le Roy me mande, & vous sçauez pourquoy.
Auant que luy parler j'ay crû deuoir m'instruire
De ce que vous jugez que ie luy doiue dire,
J'agiray par vostre ordre, & viens le receuoir.

ANTIOCHVS.

Qu'ay-je à dire, ou plustost qu'auez-vous à sçauoir?
Rendez Tigrane heureux, vous l'aimez, il vous aime.

ARSINOE.

Ie sçay ce que ie dois à son amour extréme,
Mais quand le Roy prétend disposer de ma main,
Est-ce à moy de brauer le pouuoir Souuerain?
Mon refus vaincra-t'il, & puis-je, quoy que j'ose,
Soûtenir vn espoir où le vostre s'oppose?

ANTIOCHVS.

Moy, ie m'oppose au feu dont vous estes charmez?

ARSINOE.

Quoy? n'auez-vous pas dit au Roy que vous m'aimez,
Que pour moy vostre cœur secretement soûpire?

ANTIOCHVS.

Ah, Madame! pourquoy me l'auez-vous fait dire?
Vostre Portrait, helas!

ARSINOE.

        Seigneur, il me suffit,
Ie voy ce que sans vous ie m'estois déja dit,
Vous brûlez pour la Reyne, & l'amour...

TRAGI-COMEDIE.
ANTIOCHVS.
Ouy, Madame,
Vous auez malgré moy penetré dans mon ame,
Et ce qu'obstinément j'aurois toûjours caché,
De ce cœur amoureux vous l'auez arraché,
J'adore Stratonice, & l'ardeur qui me presse
M'est vn ordre absolu de l'adorer sans cesse.
Cependant par l'erreur de son Portrait changé
A viure sous vos loix on me croit engagé,
Tigrane me condamne, & telle est ma contrainte
Qu'il faut par mon silence authoriser sa plainte.
C'est à vous qui causez le trouble où ie me voy
A rompre l'injustice où s'emporte le Roy,
A montrer pour Tigrane vn cœur assez fidelle...
ARSINOE.
Ie sçay vos interests, vous connoistrez mon zele.
Quelque excez qu'à son feu le Roy semble souffrir,
Son âge....
ANTIOCHVS.
Ah, gardez-vous de luy rien découvrir.
Pour mettre auprés de vous mon crime en évidence
Le Destin par surprise a trahy mon silence ;
Mais si vous m'accusez, il n'est rien que ma foy
Pour se justifier ne tente contre moy.
Pour démentir l'ardeur de mon ame embrasée
J'aduoüeray que c'est vous qui me l'aurez causée,
Et que l'honneur me force à mourir de langueur
Pour ne pas à Tigrane arracher vostre cœur.
ARSINOE.
Mais que diray-je au Roy qui veut que j'obeïsse ?
ANTIOCHVS.
Obtenons que demain son Hymen s'accomplisse,
Tandis qu'vn peu de tẽps, malgré vos premiers feux,
Disposera vostre ame à couronner mes vœux.

Regardant ce delay comme vn bonheur supréme,
Promettez tout alors, ie promettray de mesme,
Et l'Hymen acheué, quoy que vueille le Roy,
Ie vous rends à Tigrane en me rendant à moy.
Mais ne refusez point, pour soulager ma peine,
De remettre en mes mains le Portrait de la Reyne,
Sa veuë adoucira...

ARSINOE.

J'ay sujet d'en douter,
Mais ce n'est point à moy, Seigneur, à resister,
Ce Portrait est à vous, ie sçauray vous le rendre.
Tandis ie vay sçauoir quel conseil ie dois prendre,
Voir à quoy l'on aspire, & sur l'ordre du Roy
Regler & ma réponse, & ce que ie vous doy.

Fin du quatriéme Acte.

ACTE

ACTE V.

SCENE PREMIERE.

SELEVCVS, ARSINOE'.

PRINCESSE, enfin c'est trop vous en vouloir defendre,
Il est temps de ceder, il est temps de vous rendre,
Le beau feu dont pour vous mon Fils est consumé
Ne le rend pas peut-estre indigne d'estre aimé.
Ne dites point qu'ailleurs vostre main est promise,
Pour le bien de l'Estat l'inconstance est permise;
Et Tigrane à son Prince immolant son espoir
Par ce trait de vertu vous en fait vn deuoir.

ARSINOE.

Tigrane de vostre ordre a beau voir l'injustice,
Vous parlez, commandez, il faut qu'il obeïsse;
Mais, Seigneur, nostre Sexe a souuent le malheur
D'embrasser la reuolte auec plus de chaleur.
Comme au rang que ie tiens c'est vne peine extréme
De pouuoir se resoudre à prononcer qu'on aime;
Quelques charmes d'ailleurs qui flatent nos souhairs,
Qui l'a dit vne fois ne s'en dédit jamais.

Par d'inuisibles nœuds, par de secretes flames,
Sans nous, sans nostre adueu le Ciel vnit nos ames,
Et sur l'heureux rapport qui fait ce doux lien
Tigrane est vostre choix, j'y puis regler le mien.
SELEVCVS.
Il le fut, ie l'aduouë, & j'auois lieu de croire
Que vostre Hymen pour luy n'estoit point trop de gloire,
La sienne qu'éleuoient mille fameux exploits,
Pour grand que fust ce prix, authorisoit mon choix;
Mais plûtost que ceder quãd luy-mesme il vous cede
Verrez-vous tout perir sans secours, sans remede,
Et mon Trône pour vous est-il d'vn si bas prix
Qu'il ne merite pas que vous sauuiez mon Fils ?
ARSINOE.
S'il est quelque remede où le mal semble extréme
Vous le cherchez en moy quãd il l'a dans luy-mesme,
Et que de ses ennuys il voit la guerison
S'il ose consentir à croire sa raison.
SELEVCVS.
C'est en vain qu'il l'écoute, en vain qu'il la veut suiure,
Plustost que n'aimer plus il cessera de viure,
Pour étouffer sa flame il n'est rien qu'il n'ait fait,
La langueur qui le tuë en est le triste effet.
Tout à l'heure en mes bras pasmé, plein de foiblesse,
Chacun l'a veu ceder à l'ennuy qui le presse,
On craint tout pour sa vie, & contre vostre Roy...
ARSINOE.
Mais pour donner mon cœur, ce cœur est-il à moy?
SELEVCVS.
Si vostre amour se plaint d'vn effort si funeste,
Accordez vostre main, le Ciel fera le reste,
Et le temps au deuoir prendra soin de fournir
La force du panchant qui n'a pû vous vnir.

TRAGI-COMEDIE.

D'vn Prince infortuné preuenez la disgrace,
Il y va de ses jours, son destin les menace,
Sauuez-le, sauuez-moy, pour l'obtenir de vous
Faudra-t'il qu'on me voye embrasser vos genoux?

ARSINOE.

Ce seroit trop, Seigneur, & ce haut caractere...

SELEVCVS.

Si c'est trop pour vn Roy, c'est trop peu pour vn pere,
Qui d'vn Fils aux abois plaignant le triste sort
Abandonneroit tout pour empescher sa mort.
I'en voy le coup certain dans ces dures contraintes
Dont vostre ingrat refus redouble les atteintes,
Ce n'est qu'abatement dans ses sens desolez,
Et s'il perit enfin, c'est vous qui l'immolez.

ARSINOE.

Cét amour qu'à nos yeux il tâche de contraindre
Merite la pitié qui vous porte à le plaindre ;
Mais par quel droit, Seigneur, m'exposer aujourd'huy
A l'horreur d'vn tourment dont vous tremblez pour
    luy ?
Mesme sort est à craindre où regne mesme flame,
Ce qui perce son cœur doit déchirer mon ame,
Et dans l'ardeur d'vn feu qui n'ose attendre rien,
S'il languit sans repos, qui répondra du mien ?
I'aime, & quand cét amour par vostre ordre a sçeu
    naistre,
Ie n'ay point à rougir de le laisser paroistre,
Tigrane a des vertus dont le secret pouuoir
Par mes vœux les plus doux preuenoit mon deuoir,
Mon cœur sur vn appuy si fort, si legitime,
Se liura sans scrupule à toute son estime,
Et ces ie ne sçay quoy dont ie me vis charmer
Sont des nœuds que vous-mesme eustes soin de for-
    mer.

F ij

Pour me promettre ailleurs puis-je en rompre la chaîne?
SELEVCVS.
L'effort est grand sans doute, & j'en conçois la peine,
Mais lors qu'Antiochus à la mort se resout,
L'Estat souffre en sa perte, & vous luy deuez tout.
ARSINOE.
L'amour qu'on a flaté jusqu'à luy tout promettre
Aux maximes d'Estat a peine à se soûmettre,
Et pour sauuer vn Fils quoy que tout semble doux,
Ie n'en veux point, Seigneur, d'autre juge que vous.
Stratonice vous charme, & vous sentez pour elle
Tout ce qu'vn rare Objet attend d'vn cœur fidelle,
Dans cét excez d'amour, prest à la posseder,
Si le Prince l'aimoit, la pourriez-vous ceder?
Ie répons de me vaincre, asseurez-m'en l'exemple.
SELEVCVS.
Iamais douleur n'auroit de matiere plus ample,
I'oseray l'aduoüer, mais le Ciel m'est témoin
Que pour sauuer mon Fils j'irois encor plus loin,
Ie ne reseruerois Sceptre ny Diadème.
ARSINOE.
C'est promettre en grand cœur, le feriez-vous de mesme?
SELEVCVS.
Me punissent les Dieux s'il m'en falloit presser.
L'exemple vous est seur, qui vous fait balancer?
Songez qu'vn Fils si cher sans qui ie ne puis viure...
ARSINOE.
Si l'exemple est certain vous n'auez qu'à le suiure,
Vostre tendresse en vain me l'offre pour époux,
Le Prince aime la Reyne, & tout dépend de vous.
SELEVCVS.
Il aime...

TRAGI-COMEDIE.

ARSINOE.

Et quoy, Seigneur? vous promettez sans peine,
Et quand il faut agir, l'engagement vous gesne.

SELEVCVS.

Vostre amour prend le change, & croit m'inquieter,
Mais sur l'adueu du Prince on n'a point à douter,
Et de vostre Portrait l'éclatant témoignage
Fait trop voir qui des deux attire son hommage.

ARSINOE.

Ce Portrait me conuainc d'auoir touché son cœur,
Mais quand vous le voudrez vous sortirez d'erreur,
De tout ce que ie dis j'ay la preuue certaine.

SELEVCVS.

Quoy? dans sa passion a-t'il nommé la Reyne?

ARSINOE.

Non, & trop de respect captiue ses souhaits
Pour craindre qu'il s'échappe à la nommer jamais.
Son secret étouffé n'en fera rien connoistre,
Ie le tairay de mesme, & vous en estes maistre.
C'est à vous seulement à penser, à bien voir
Ce que de cét amour il vous plaist de sçauoir,
Ie vous laisse en resoudre, & pour plus d'asseurance
Que le Prince pour moy n'a rien de ce qu'on pense,
Quoy que sur ses ennuys on vueille m'imputer,
I'abandonne ma main s'il la veut accepter.
Promettez-la, Seigneur, c'est sans trahir Tigrane
Qu'à cét effort pour vous mon deuoir me condamne;
Mais si l'offre en déplaist à son esprit confus,
Gardez-vous de douter d'où partent ses refus.

SCENE II.
SELEVCVS.

AH, pour ne point douter de son indigne flame
Il suffit du desordre où se plonge mon ame,
Et la tremblante horreur sous qui mon cœur gemit,
Sans qu'on m'explique rien, ne m'en a que trop dit.
Et bien, Roy malheureux, qu'vn excez de tendresse
Dans le sort de ton Fils en aueugle interesse,
La cause de ses maux te rendoit inquiet,
Tu la voulois sçauoir, te voyla satisfait.
Vn feu pareil au tien l'attache à Stratonice,
Ton bonheur fait sa mort, le sien fait ton supplice,
Et quoy que sa vertu triomphe du desir,
Il meurt si tu ne meurs, c'est à toy de choisir.
Quoy? le flateur appas de ce feu temeraire
Luy peut-il donner droit d'estre Riual d'vn Pere,
Et voyant à quel point on m'auoit sçeu charmer,
N'a-t'il pas dû, l'ingrat, se defendre d'aimer,
De ses vœux par respect arrester l'injustice?
Mais si son deuoir cede, il cede à Stratonice,
Et quelque effort qu'il fist pour se faire écouter,
Qui la voit & l'admire a-t'il à consulter?
Non, non, il faut qu'il aime, & si tu tiens à crime
Qu'vn Fils n'ait point borné cét amour à l'estime,
Songe à tant de beautez dont les charmes pressans
Pour t'enflamer sur l'heure éblouïrent tes sens,
Songe à ce noble amas de vertus & de graces
Qui sçeut de tes vieux ans fondre soudain les glaces,
Ce fils pour adorer ce qui surprit ta foy
N'auoit-il pas vn cœur & des yeux comme toy?

TRAGI-COMEDIE.

Mais pourquoy rappeller dans mon ame insensée
Le penetrant appas des traits qui l'ont blessée ?
Pour soustenir tes vœux par les siens trauersez
Crains-tu, lâche, crains-tu de n'aimer point assez?
Songe, songe plustost que sous le poids de l'âge
L'amour ne peut offrir qu'vn ridicule hommage,
Et que sous le silence vn Fils prest d'expirer
T'apprend à la raison comme il faut deferer.
O combat, dont le trouble oppose dans mon ame
L'Objet de ma tendresse à celuy de ma flame !
De mon cœur l'vn & l'autre attire tous les vœux,
Et sans estre à pas vn il est à tous les deux.
S'il ose consentir que l'Amour s'en asseure,
C'est vn triomphe amer dont tremble la Nature,
Et quand vers la Nature il a quelque retour,
C'est vn triomphe affreux qui fait trembler l'Amour.
Mais d'où vient qu'à l'espoir cét amour se refuse ?
Arsinoé peut-estre ou s'abuse, ou t'abuse.
Esclaircy-toy d'vn mal qu'elle aime à découurir ;
Mais quand tu l'auras sceu, le voudras-tu guerir ?
Dure necessité d'vne ame combatuë !
Ie veux croire ma gloire, & ma gloire me tuë,
Et mon cœur que toûjours trop de tendresse émeut
Voulant tout ce qu'il doit n'ose voir ce qu'il veut,
Pour conseruer mon Fils il faut perdre la Reyne,
Il faut.... mais le voicy que son chagrin amene.
Dieux, qui voyez le trouble où ie suis abysmé,
Ne se pourroit-il point qu'il n'eust jamais aimé ?

SCENE III.

SELEVCVS, ANTIOCHVS.

SELEVCVS.

PRince, ostez-moy d'vn doute, il ne faut plus rien taire,
Si ce que l'on m'a dit est vn rapport sincere,
Vous nous trahiriez tous à cacher plus long-temps.

ANTIOCHVS.
Seigneur.

SELEVCVS.
I'en ay receu des aduis importants,
Et vous seul pouuez tout pour me tirer de peine.
I'apprens qu'au vif éclat des beautez de la Reyne.
Ne me déguisez rien, que dit-on à la Cour
Des pompes que pour elle appreste mon amour ?

ANTIOCHVS.
Seigneur, qu'en peut-on dire ? on vous aime & respecte.

SELEVCVS.
L'aueugle deference à ma gloire est suspecte,
Elle en forme vn scrupule, & me fait presumer
Qu'auec des cheueux gris il m'est honteux d'aimer,
A moy-mesme en secret mes vieux ans me font peine
Quand j'ose souspirer pour vne jeune Reyne,
I'aime à fuir le murmure, & c'est sur vos aduis.

ANTIOCHVS.
Seigneur, oubliez-vous....

SELEVCVS.
Non, non, parlez, mon Fils,

TRAGI-COMEDIE.

Ie ne demande point que vous flatiez ma flame,
Ouurez-moy voſtre cœur, ie vous ouure mon ame,
Ie puis auoir trop crû ce doux empreſſement
Qui m'a fait accepter la qualité d'Amant,
Mais ſi l'âge où ie ſuis repugne à l'Hymenée,
Quels qu'en ſoient les appreſts, ma main n'eſt pas
 donnée,
Et ie veux qu'aujourd'huy vous reſolviez pour moy
S'il faut que j'abandonne, ou retire ma foy.

ANTIOCHVS.

Comme de ma raiſon le deſordre eſt extréme,
Vous prendrez mieux, Seigneur, ce conſeil de vous-
 meſme,
Ou pluſtoſt l'Amour ſeul a droit de decider
Ce ſcrupule de gloire où ie vous voy ceder,
C'eſt luy qu'il en faut croire, il connoit ſeul voſtre
 ame,
Mais apres tout l'éclat qu'a cherché voſtre flame,
Croiray-je qu'vn moment puiſſe auoir refroidy
Ce feu dont voſtre cœur s'eſt toûjours applaudy?
Croiray-je qu'à vos yeux la Reyne moins aimable...

SELEVCVS.

Douter ſi Stratonice eſt toûjours adorable!
Elle pour qui le Ciel par de rares efforts
Semble auoir épuiſé ſes plus riches treſors!
Elle à qui tous les cœurs, gagnez ſans reſiſtance...
Mais n'examine point enfin ce que j'en penſe,
Et croy ton Pere preſt à reprendre ſa foy,
S'il faut ce ſacrifice à la gloire d'vn Roy.

ANTIOCHVS.

Non, non, aimez, Seigneur, ie voy trop quel empire
A ſur vous cét amour qu'il vous plaiſt d'en dédire,
En tout âge il eſt beau de brûler de ſes feux,
Viuez pour Stratonice, & rendez-vous heureux.

Aussi bien dans l'accord qu'il vous faudroit enfrain-
Demetrius son Pere auroit lieu de se plaindre, (dre
Et la guerre aussi-tost...
SELEVCVS.
Afin de l'empescher
Il faudroit...
ANTIOCHVS.
Quoy ? l'affront s'en pourroit-il cacher,
Et manquer de parole où l'on voit que la sienne....
SELEVCVS.
Vostre main supléeroit au defaut de la mienne,
Et sans rompre l'Accord...
ANTIOCHVS.
Que dites-vous, Seigneur ?
SELEVCVS.
Ie sçay quel coup, mon Fils, c'est porter sur ton cœur,
Vn changement si dur l'arrache à la Princesse,
Mais....
ANTIOCHVS.
I'ay promis, Seigneur, de vaincre ma foiblesse.
SELEVCVS.
Non, si tu souffres trop par ce nouueau projet,
Ie consens que ton feu ne change point d'objet,
Et pour t'en épargner le funeste supplice,
Ie suis prest, s'il le faut, d'épouser Stratonice.
I'ay mesme à t'annoncer le bonheur le plus grand,
Comme Tigrane cede, Arsinoé se rend,
Pour couronner tes vœux sa main est toute preste.
ANTIOCHVS.
Tigrane a de son cœur merité la conqueste,
Et luy voler sa main quand il garde sa foy,
C'est le desesperer sans rien faire pour moy.
SELEVCVS. (pire...
Quoy, lors que sur tes sens l'amour prend tant d'em-

TRAGI-COMEDIE. 71
ANTIOCHVS.
I'ay dit sur cét amour ce que j'auois à dire,
Quelque éclat qu'il ait fait, laissōs Tigrane heureux,
Le temps sera pour moy, c'est tout ce que ie veux.
SELEVCVS.
Ie sçay qu'il peut beaucoup, mais quitte l'artifice,
Et m'apprens...
ANTIOCHVS.
Quoy, Seigneur ?
SELEVCVS.
Aimes-tu Stratonice ?
ANTIOCHVS.
Si j'aime Stratonice ! ah Dieux, qu'ay-je entendu ?
Mon hommage sans doute à Stratonice est dû,
Ie la dois reuerer, Stratonice est ma Reyne,
Mais que vers Stratonice vn fol amour m'entraisne,
Que Stratonice ait pû m'ébloüir, m'enflamer !
SELEVCVS.
Tu la nommes souuent pour ne la point aimer.
ANTIOCHVS.
Helas ! pour écouter vn feu si temeraire
Oublierois-je, Seigneur, que vous estes mon Pere?
Ah, plustost mille morts...
SELEVCVS.
Va, c'en est trop, mon Fils,
Ie découure l'abysme où ton respect t'a mis,
Tu m'immoles ta vie, & j'aime à te la rendre.
Quelques charmes d'abord auoiēt sceu me surprēdre,
Mais puisque ton amour peut dégager ma foy,
Sans que j'en souffre rien, Stratonice est à toy,
Aime-la, j'y renonce, & me souuiens à peine
Que mon Hymen conclu te la donnoit pour Reyne.
D'vn cœur aussi content que le sort m'en est doux
Ie verray l'heureux jour qui t'en rendra l'Espoux,

T'ay déja sans effort banny de ma memoire.
ANTIOCHVS.
Gardez, Seigneur, gardez d'oser trop vous en croire,
Quoy que vostre bonté s'offre à sacrifier
Oublier tout si-tost c'est ne rien oublier.
Mais pourquoy m'en promettre vne preuue si vaine?
Vous le sçauez, Seigneur, ie n'aime point la Reyne,
Espousez-la, de grace, & si ce n'est assez…
Mais, ô Dieux!
SELEVCVS.
A la voir, Prince, vous rougissez,
Parlons-luy, cette épreuue est encor necessaire,
Vous sçaurez mieux apres ce que vous pourrez faire.

SCENE IV.
SELEVCVS, STRATONICE, ANTIOCHVS, TIGRANE, PHENICE, Suite.

STRATONICE.
Seigneur, Tigrane a crû deuoir encor par moy
Vous donner aujourd'huy des preuues de sa foy,
Et malgré les ennuys dont la rigueur le presse,
Il vient vous asseurer que si de la Princesse
Vos souhaits dés l'abord ne peuuent obtenir…
SELEVCVS.
Son zele m'est connu, qu'on la fasse venir.
TIGRANE.
Seigneur…
SELEVCVS.
Lors qu'à Tigrane on voit tout si contraire,
Madame, vous pouuez ordonner qu'il espere,

Quoy

TRAGI-COMEDIE.

Quoy que d'Arsinoé le Prince soit charmé
Il sçaura l'oublier s'il est ailleurs aimé;
Mais il faut qu'il le soit d'vn Objet adorable,
D'vn Objet en merite à soy seul comparable,
Et cet Objet si rare, & preferable à tous,
S'il faut m'expliquer mieux, ne peut estre que vous.

STRATONICE.

Seigneur, dans ma surprise agréez mon silence,
I'ay cedé sans murmure aux loix de ma naissance,
Par elles ie vous dois & ma main & ma foy,
L'vne est à vous déja, l'autre est encore à moy,
Et si mon Hymenée est pour vous vne gesne,
Ie puis....

SELEVCVS.

Dans mes Estats vous deuez estre Reyne,
Et ie ne manque à rien si mon Fils couronné
Vous asseure le rang qui vous est destiné.
Mon amour s'en esmeut, mais ie voy qu'à mon âge
L'Hymen où j'aspirois est pour vous vn outrage,
Et d'ailleurs il y va d'étouffer tant d'ennuis...

STRATONICE.

Mon deuoir a toûjours reglé ce que ie puis;
Seigneur, apres cela ie n'ay rien à vous dire.

ANTIOCHVS.

A ce que veut le Roy gardez-vous de souscrire,
Pour moy de sa tendresse il croit trop les appas;
Madame, il vous adore.

SELEVCVS.

Et ne l'aimes-tu pas?

ANTIOCHVS.

Aimer la Reyne? ô Ciel!

SELEVCVS.

Et bien, il t'en faut croire,
Mais si de son Hymen tu rejettes la gloire,

G

Fay qu'elle-mesme au moins puisse apprendre de toy
Que ses charmes sont peu pour surprendre ta foy,
Qu'vn mépris...

ANTIOCHVS.

Moy, j'aurois du mépris pour la Reyne!
Seroit-il pour ce crime vne assez rude peine?
Iamais tant de beautez n'eurent droit de charmer,
Mais, Seigneur, ie ne dois ny ne la veux aimer,
I'en atteste les Dieux, & si de ma foiblesse,
Vostre ame...

SELEVCVS.

Accepte donc la main de la Princesse,
Ie la laisse à ton choix.

SCENE V.

SELEVCVS, STRATONICE, ANTIOCHVS, ARSINOE, TIGRANE, PHENICE, BARSINE, Suite.

ARSINOE.

Elle est à luy, Seigneur,
S'il peut pour l'accepter faire suiure le cœur,
Mais la Reyne...

ANTIOCHVS.

Ah, Madame! & vous-mesme osez dire...
Mais, Seigneur, vous voyez à quoy sa flame aspire,
Pour épargner Tigrane elle veut m'imputer...

SELEVCVS.

Il est temps de resoudre, & non de consulter,

TRAGI-COMEDIE. 75

Puifqu'elle offre fa main c'eſt à toy de la prendre,
Ie n'en croy que ce gage.
ANTIOCHVS.
Et bien, il me faut rendre,
Ceder à mon deſtin. Donnez, Princeſſe, helas!
Seigneur, c'eſt de Tigrane aſſeurer le trépas,
Des jours qu'il m'a ſauuez eſt-ce la récompenſe?
ARSINOE *donnant au Roy le Portrait*
de Stratonice.
Ce Portrait confondra ſon obſtiné ſilence,
L'ayant trouué, Seigneur, ſans qu'il en ait ſçeu rien,
Pour lire dans ſon cœur j'ay ſuppoſé le mien,
On m'impute par là ce qu'il ſent pour la Reyne.
SELEVCVS.
Connois-tu ce Portrait.
ANTIOCHVS.
Ordonnez de ma peine,
Il faut punir le crime où l'amour m'a fait choir,
C'eſt tout ce que ie puis & connoiſtre & ſçauoir.
SELEVCVS. (me,
Non, mon Fils, contre toy ne crains rien de ma fla-
La Reyne, ie l'aduouë, auoit touché mon ame,
Mais apres les efforts que s'eſt fait ton amour
Il eſt beau que du mien ie triomphe à mon tour,
Ie t'en fais poſſeſſeur & Roy de Phenicie.
ANTIOCHVS.
Que tout voſtre heur s'immole à celuy de ma vie!
Non, non, pluſtoſt, Seigneur, abandonnez vn Fils,
Ie vaincray ma foibleſſe, & ie vous l'ay promis,
SELEVCVS.
Ceſſe d'en vouloir croire vn reſpect qui te tuë,
Tu dois vaincre ta flame, & la mienne eſt vaincuë.
Ie vous l'auois bien dit, que pour ſauuer ſes jours
Ie n'attendois plus rien que de voſtre ſecours,

Madame, à son espoir vous rendrez-vous contraire?

STRATONICE.

Ma réponce, Seigneur, dépend du Roy mon Pere,
Ses seules volontez ont droit de m'engager.

SELEVCVS.

A donner son adueu nous sçaurons l'obliger.

ANTIOCHVS.

Seigneur, encor vn coup...

SELEVCVS.

Obey sans repliqué,
C'est tout ce que ie veux que ton deuoir m'explique.

ANTIOCHVS.

O bonté sans égale, ô vertu dont l'éclat
Loin de punir vn Fils récompense vn ingrat!
Madame...

SELEVCVS.

Apres l'ennuy des plus rudes alarmes
Tigrane de l'espoir goustera mieux les charmes,
S'y rendra tout entier, attendant l'heureux jour
Qui remplissant ses vœux, couronne vostre amour.

F I N.

www.ingramcontent.com/pod-product-compliance
Lightning Source LLC
LaVergne TN
LVHW050621090426
835512LV00008B/1594